高等职业教育汽车类专业活页式新形态创新教材

新能源汽车动力蓄电池及管理技术

主　编　李建明
副主编　董　文　赵海兰
参　编　蔡　辉　常同珍　李　雄

《新能源汽车动力蓄电池及管理技术》针对新能源电动汽车而开发，主要内容包括新能源汽车"三纵"（混合动力汽车、纯电动汽车、燃料电池汽车）中混合动力汽车和纯电动汽车的电池及电池管理技术。燃料电池汽车尚未在国内商品化，所以燃料电池及燃料电池管理技术本书尚未提及。

本书共分为8个能力模块，全书共配套30个实训任务工单。能力模块一为动力蓄电池原理的认知与电池箱的分解；能力模块二为动力蓄电池管理系统功能和技术认知；能力模块三为高压配电箱原理认知与诊断；能力模块四为电动汽车安全管理认知与故障诊断；能力模块五为充电管理认知与诊断；能力模块六为电池管理系统故障分析方法；能力模块七为典型纯电动汽车电池管理系统检修；能力模块八为典型混合动力汽车电池管理系统故障分析。

本书可作为高职院校新能源汽车技术、汽车检测与维修、汽车电子技术、汽车试验技术等汽车相关专业教材，也可供从事新能源汽车相关领域工作的工程技术人员阅读参考。

图书在版编目（CIP）数据

新能源汽车动力蓄电池及管理技术 / 李建明主编. — 北京：机械工业出版社，2024.1（2025.7重印）
高等职业教育汽车类专业活页式新形态创新教材
ISBN 978-7-111-75266-0

Ⅰ.①新… Ⅱ.①李… Ⅲ.①新能源-汽车-蓄电池-高等职业教育-教材 Ⅳ.①U469.703

中国国家版本馆CIP数据核字（2024）第050269号

机械工业出版社（北京市百万庄大街22号 邮政编码100037）
策划编辑：谢 元　　　　责任编辑：谢 元
责任校对：马荣华　李 杉　封面设计：张 静
责任印制：常天培
河北虎彩印刷有限公司印刷
2025年7月第1版第2次印刷
184mm×260mm・14.5印张・338千字
标准书号：ISBN 978-7-111-75266-0
定价：59.90元

电话服务　　　　　　　　网络服务
客服电话：010-88361066　机 工 官 网：www.cmpbook.com
　　　　　010-88379833　机 工 官 博：weibo.com/cmp1952
　　　　　010-68326294　金 书 网：www.golden-book.com
封底无防伪标均为盗版　机工教育服务网：www.cmpedu.com

前言 | PREFACE

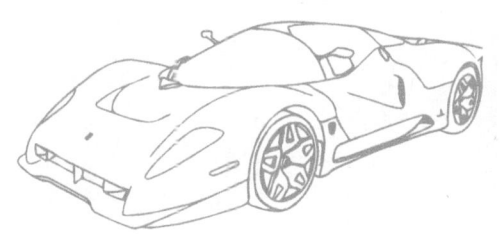

如果说汽车发动机电控化是汽车的第二次技术革命,那电动汽车(纯电动汽车、混合动力汽车、燃料电池汽车)技术将是汽车的第三次技术革命,这场革命必将引起汽车产业结构调整。具体在汽车研发、汽车生产和汽车售后服务三方面都会发生很大的变化。

编者深入学习习近平新时代中国特色社会主义思想,把握"为党育人、为国育才"基本要求,同时深入学习党的"二十大"文件精神,尤其是"实施科教兴国战略,强化现代化建设人才支撑""建设现代化产业体系""推动战略性新兴产业融合集群发展"等内容,并将之贯彻到教材编写中,实现综合提升"知识、技能和素质"的全方位育人目标。

为了使现代职业教育内容跟上汽车生产和售后服务的步伐,编者基于纯电动汽车+混合动力汽车编写了《新能源汽车动力蓄电池及管理技术》。本书针对新能源电动汽车而开发,主要内容包括新能源汽车"三纵"(混合动力汽车、纯电动汽车、燃料电池汽车)中混合动力汽车和纯电动汽车的电池及电池管理。同时,本书配有丰富的富媒体教学资源,方便学生学习和教师讲授。最后,针对理论和实践进行任务驱动教学的需要,本书提供配套"学习任务单"和"工作任务单"供学生完成,这样既有利于学生巩固理论,也有利于对实训项目有针对性的训练。

鉴于不同院校教学硬件的差异,本书配套了30个可供选择的工作任务单,参考主教材实践任务小节的任务实施模式,各院校可根据自身情况选择适用的工作任务。该设计也是在典型工作任务的自由选取方面,对活页式教材做出的创新尝试。

本书由湖北交通职业技术学院的李建明担任主编，博尔塔拉职业技术学院的董文、淄博职业学院的赵海兰担任副主编，极氪汽车（宁波杭州湾新区）有限公司的蔡辉，湖北交通职业技术学院的常同珍、李雄参与编写。

由于编者水平有限，书中难免有瑕疵，希望各位专家、读者批评指正，以方便本教材在修订时更正。

编　者

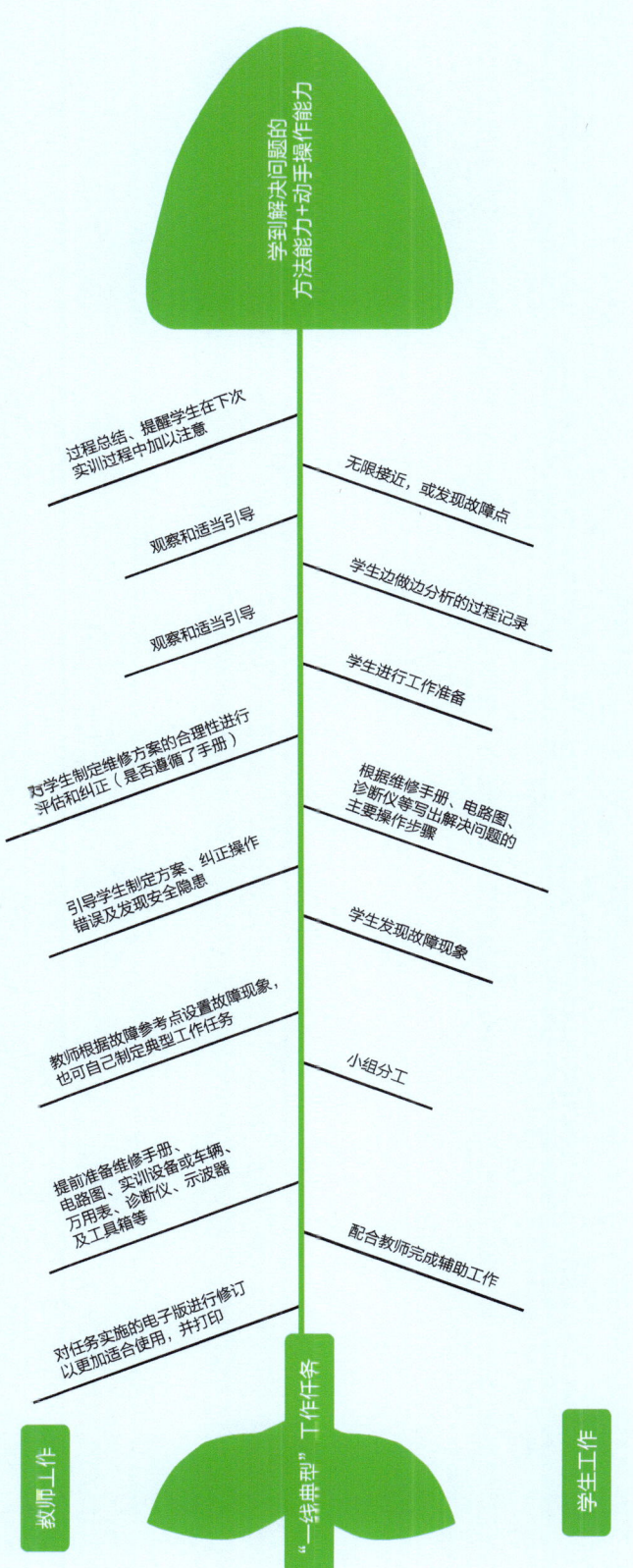

活页式教材使用注意事项

 根据需要，从教材中选择需要夹入活页夹的页面。

小心地沿页面根部的虚线将页面撕下。为了保证沿虚线撕开，可以先沿虚线折叠一下。注意：一次不要同时撕太多页。

 选购孔距为80mm的双孔活页文件夹，文件夹要求选择竖版，不小于B5幅面即可。将撕下的活页式教材装订到活页夹中。

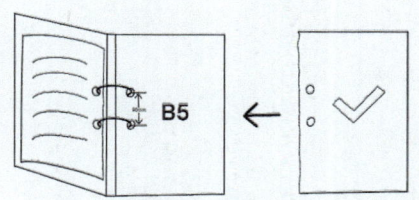

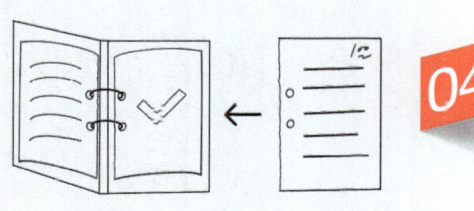

也可将课堂笔记和随堂测验等学习资料，经过标准的孔距为80mm的双孔打孔器打孔后，和教材装订在同一个文件夹中，以方便学习。

温馨提示：在第一次取出教材正文页面之前，可以先尝试撕下本页，作为练习

目 录

前 言

能力模块一
动力蓄电池原理的认知与电池箱的分解

情境导入　**学习目标**　**知识储备**

知识点1　新能源汽车动力蓄电池的相关术语认知 / 002
知识点2　混合动力汽车镍氢电池的基本认知 / 007
知识点3　电动汽车锂离子电池的基本认知 / 010
技能点　　分解锂离子电池箱 / 014

实践任务

电池箱的分解与元件认知 / 019
一、小组分工 / 019
二、人员防护用品及操作工具 / 019
三、维修方案合理性评估和纠正 / 020
四、工作准备 / 021
五、过程记录 / 021
六、评价反馈 / 023

能力模块二
动力蓄电池管理系统功能和技术认知

情境导入　**学习目标**　**知识储备**

知识点1　电池管理系统功能认知 / 026
知识点2　电池管理系统技术认知 / 030
知识点3　总线上的电池管理数据的传递 / 034

实践任务

电池管理数据的读取 / 037
一、小组分工 / 037
二、维修方案合理性评估和纠正 / 038
三、工作准备 / 038
四、过程记录 / 039
五、评价反馈 / 040

能力模块三
高压配电箱原理认知与诊断

情境导入 **学习目标** **知识储备**

知识点1　吉利高压配电箱原理认知与诊断 / 042
知识点2　比亚迪电动汽车高压电路原理认知与诊断 / 045
技能点　　高压配电箱带电测量安全与参考点选取 / 047

实践任务

比亚迪高压预充失败的检查与排除 / 051
一、小组分工 / 051
二、维修方案合理性评估和纠正 / 051
三、工作准备 / 052
四、过程记录 / 053
五、评价反馈 / 054

能力模块四
电动汽车安全管理认知与故障诊断

情境导入 **学习目标** **知识储备**

知识点1　汽车交流充电安全认知 / 056
知识点2　电池失火和爆炸的处理 / 060
知识点3　高压安全设计措施 / 061
知识点4　绝缘电阻监测原理认知 / 063
知识点5　高压绝缘报警的诊断方法 / 067

实践任务

吉利高压绝缘警告灯点亮的检查与排除 / 073
一、小组分工 / 073
二、维修方案合理性评估和纠正 / 073
三、工作准备 / 074
四、过程记录 / 074
五、评价反馈 / 075

能力模块五
充电管理认知与诊断

情境导入　**学习目标**　**知识储备**

知识点1　电池充电方法认知 / 078
知识点2　汽车充电机功能认知 / 081
知识点3　传导式充电接口 / 086
知识点4　随车充电枪充电原理认知 / 091
知识点5　交流充电桩原理 / 093
知识点6　直流充电桩原理认知 / 097

实践任务

充电枪温度过高引起的充电停止的检查与排除 / 107
一、小组分工 / 107
二、维修方案合理性评估和纠正 / 107
三、工作准备 / 108
四、过程记录 / 108
五、评价反馈 / 110

能力模块六
电池管理系统故障分析方法

情境导入　**学习目标**　**知识储备**

技能点1　电池管理系统故障分析方法 / 112
技能点2　更换电池的作业过程 / 113
技能点3　电池管理系统数据流读取 / 116

实践任务

电池管理系统诊断数据的全面读取 / 119
一、小组分工 / 119
二、维修方案合理性评估和纠正 / 119
三、工作准备 / 120
四、过程记录 / 120
五、评价反馈 / 122

能力模块七
典型纯电动汽车电池管理系统检修

- 情境导入
- 学习目标
- 知识储备
  - 知识点 1　吉利电动汽车电池管理系统原理认知 / 124
  - 知识点 2　比亚迪 E6 电池管理系统原理认知 / 131

- 实践任务
  - 纯电动汽车诊断数据的分析 / 135
    - 一、小组分工 / 135
    - 二、维修方案合理性评估和纠正 / 135
    - 三、工作准备 / 136
    - 四、过程记录 / 136
    - 五、评价反馈 / 138

能力模块八
典型混合动力汽车电池管理系统故障分析

- 情境导入
- 学习目标
- 知识储备
  - 知识点 1　找到主要零部件的位置 / 140
  - 知识点 2　电池管理系统的检修 / 145

- 实践任务
  - 混合动力汽车诊断数据的全面读取 / 155
    - 一、小组分工 / 155
    - 二、维修方案合理性评估和纠正 / 155
    - 三、工作准备 / 156
    - 四、过程记录 / 156
    - 五、评价反馈 / 158

实践任务
工作任务单

Module 01

能力模块一
动力蓄电池原理的认知与电池箱的分解

情境导入

一辆 2014 年 5 月出厂的比亚迪 E6 纯电动汽车，仪表出现一个红色的蓄电池符号，旁边还有一个感叹号。若关掉点火开关，重新开启上电操作，有时符号消失，还能上电，偶尔符号出现时就不能上电了。经比亚迪服务技师用诊断仪诊断后判断故障原因为电池电芯老化严重，需要更换一个电池模组。

如果你是接车的修理技术人员，修理方案应如何制订。

学习目标

能力目标
- 能说出汽车动力蓄电池的术语。
- 能说出磷酸铁锂电池的特点。
- 能说出全固态锂离子电池的特点。
- 能说出吉利电池箱内电池的特点。
- 能画出电池箱内部结构示意图。
- 能说出电池箱的制冷和制热原理。
- 能更换纯电动汽车电池箱。
- 能更换纯电动汽车电池箱内的一组电池。

素养目标
- 了解我国动力蓄电池产业的发展历程，感受国内新能源汽车企业攻坚克难的探索精神。
- 获得多途径检索知识、分析解决问题以及多元化思考解决问题的方法，形成创新意识。
- 具有良好的团队协作精神和较强的组织沟通能力。
- 具备良好的职业道德，尊重他人劳动，不窃取他人成果。

知识储备

知识点 01　新能源汽车动力蓄电池的相关术语认知

一、蓄电池的性能指标

蓄电池的作用是存储电能。蓄电池在充电过程中,电能通过蓄电池内活性物质的化学反应转变为化学能储存在蓄电池内。蓄电池在放电过程中,通过蓄电池内活性物质的化学反应,将化学能转变为电能由蓄电池输出。

各种蓄电池的基本工作原理是电能→化学能→电能→化学能的可逆变换过程,能够反复使用,一般将放电之后可再充电反复使用的化学电源称为蓄电池。

近年来,蓄电池在比能量和比功率方面有很大的提高,使得电动汽车的动力性能不断提高,充满电后的续驶里程不断延长,而且这种提高一直在进行。蓄电池主要性能指标如下。

1. 电压(V)

(1)电动势　电池正极和负极之间的电位差 E 被称为电动势(见表1-1)。

> **技师指导**　电动势即当电池外部负载的电阻为无穷大时,完全忽略电池内阻的情况下测得的蓄电池端电压。

(2)开路电压　开路电压是电池在开路时的端电压,一般开路电压与电池的电动势近似相等。

> **技师指导**　万用表的内阻为几十兆欧(MΩ),可近似看作无穷大,忽略电池内阻的情况下测得的蓄电池端电压接近电池的电动势。

表1-1　不同电池电动势

电池	铅酸电池	镍镉电池	镍氢电池	锰钴锂电池	磷酸铁锂电池	钠硫电池
电压	2.1V	1.2V	1.2V	3.7V	3.2V	2.1V

(3)额定电压　额定电压指电池在标准规定条件下工作时应达到的电压。

(4)工作电压　工作电压指在电池两端接上负载电阻后,在放电过程中显示出的电压,也称为负载电压或对外放电电压。

(5)终止电压　电池在一定标准所规定的放电条件下放电时,电池的电压将逐渐降低,当电池不宜再继续放电时,电池的最低工作电压称为终止电压。

2. 电池容量（A·h）

（1）**理论容量** 理论容量指根据电池活性物质的特性，按法拉第定律计算出的最高理论值，一般用 A·h 来表示。

（2）**实际容量** 实际容量指在一定条件下所能输出的电量，等于放电电流与放电时间的乘积。

（3）**标称容量** 标称容量仅用来标示电池近似的容量，由于没有指定放电条件，因此，只标明电池的容量范围而没有确切值。标称容量也称公称容量。

（4）**额定容量** 额定容量指按一定标准所规定的放电条件，电池应该放出的最低限度的容量，也称保证容量。

（5）**荷电状态** 荷电状态（State of Charger，SOC）反映的是电池实际存贮电荷与电池当前能存贮的最多电荷之比，常用百分数表示。

SOC=1 表示电池为充满状态，记为 100%。随着蓄电池放电，蓄电池的电荷逐渐减少，此时可以用百分数来表示蓄电池中电荷的变化状态，即蓄电池的省电状态。

因为电池实际存贮电荷与电池当前能存贮的最多电荷两者都是变值，所以实时地对 SOC 进行精确辨识是电池管理系统的一个关键技术。

> **技师指导** 一般动力蓄电池放电高效率区 SOC 在 50%~80% 范围。对于混合动力汽车，电池管理系统一般实际控制 SOC 为 45%~85%。

3. 能量

电池存贮的能量决定电动汽车的行驶距离，能量的单位是千瓦时（kW·h）。

（1）**标称能量** 标称能量指按一定标准所规定的放电条件，电池所输出的能量，电池的标称能量是电池的额定容量与额定电压的乘积。

（2）**实际能量** 实际能量指在一定条件下电池所能输出的能量。电池的实际能量是电池的实际容量与平均工作电压的乘积。

（3）**质量能量密度** 质量能量密度指电池单位质量所能输出的能量，也称为比能量，单位 W·h/kg。

（4）**体积能量密度** 体积能量密度指电池单位体积所能输出的能量，单位 W·h/L。

4. 功率

电池的功率决定电动汽车的加速性能。

（1）**质量功率密度** 质量功率密度指电池单位质量所具有的输出功率，也称为比功率，单位 W/kg。

（2）**体积功率密度** 体积功率密度指电池单位体积所具有的输出功率，单位 W/L。

5. 电池的内阻

电流通过电池内部电解液、隔膜、电极时受到的阻力会使电池的对外输出电压降低，此阻力称为电池的内阻。由于电池的内阻作用，使得电池在放电时的端电压低于电动势和开路电压，在充电时的端电压高于电动势和开路电压。

技师指导　正常工作的铅酸电池的内阻一般为几毫欧姆（mΩ）；镍氢电池锂离子电池的内阻一般也为几毫欧姆。

不同的汽车蓄电池的内阻是不一样的，而且不是固定值，内阻会随着蓄电池的使用时间而变大，新的充满电的电池内阻很小，旧的且不满电的电池内阻有很大的增加。要想准确地知道蓄电池内阻值的大小，需要通过电池内阻测量仪测试。

注：万用表是不能测量电池类元件的内阻的，因为电池本身是电源，测量电阻是用万用表内的电源，不能有万用表以外的电源给被测元件供电。

6. 循环寿命

在一定的充放电条件下，电池容量降到某一定值之前（比如80%），电池所能承受的循环次数，称为循环寿命，这是蓄电池的主要性能指标之一。

技师指导　我国电动道路车辆用蓄电池标准规定，锂离子电池循环寿命不得小于300次，铅酸电池循环寿命不得小于400次。

在每一次循环中，电池中的化学活性物质都要发生一次可逆的化学反应。蓄电池充电和放电的循环次数与电池的充电和放电的形式、电池的温度和放电深度有关，放电深度浅有利于延长电池的寿命。电池在电动汽车上的使用环境，包括电池组中各个电池的均衡性、安装固定方式、所受的振动和线路的安装等，都会影响电池的工作循环次数。随着充电和放电次数的增加，电池中的化学活性物质会发生老化变质，逐渐削弱其化学性能，使得电池的充电和放电效率逐渐降低，最后电池损失全部功能而报废。

7. 使用年限

电池除了以循环次数表示使用时间外，通常还要用电池的使用年限来表示电池的寿命，寿命的单位为年。

8. 放电速率

放电速率一般用电池在放电时的时间或放电电流与额定电流的比例来表示，也简称为放电率。

（1）放电时率　放电时率指电池以某种电流强度放电直到电池的电压降低到终止电压时，所经过的放电时间。

（2）放电倍率　放电倍率指电池的放电电流值与电池额定容量的比值。

技师指导　比如电池额定容量 $C=6.5A \cdot h$，若以 6.5A 放电电流放电，放电倍率就为 $1C$；若以 3.25A 放电电流放电，放电倍率为 $0.5C$。

9. 自放电率

自放电率指电池在存放时间内，在没有负荷的条件下自身放电，使得电池容量损失的速度。自放电率用单位时间月或年内电池容量下降的百分数来表示。

技师指导　铅酸电池的月自放电率为 0.03%；镍氢电池的月自放电率为 20%；锂离子电池的月自放电率为 5%~10%。

10. 成本

电池的成本与电池的技术含量、材料、制作方法和生产规模有关，目前新开发的高比能量的电池成本较高，使得电动汽车的造价也较高，开发和研制高效、低成本的电池是电动汽车发展的关键。除上述主要性能指标外，还要求电池无毒性、对周围环境不会造成污染或腐蚀、使用安全、具有良好的充电性能，以及充电操作方便、耐振动、无记忆性、对环境温度变化不敏感、易于调整和维护等。

目前电池技术的瓶颈在于如何造出容量大且体积小、重量轻、价格低的电池，还要考虑如何快速给电池充电。

阅读环节

特斯拉电动汽车成本分析

对于特斯拉纯电动汽车而言，动力电池模块（电芯＋包装及成组＋电池管理系统）的成本占据了整车成本相当大的比例。

特斯拉 Model S 动力蓄电池系统与整车成本的比例：85kW·h 基本款的售价是 $79900，按照特斯拉年报披露的毛利润率 22.5% 计算，其大概成本为 $79900×（1-22.5%）=$61923，那么我们可以计算出 Model S 的动力蓄电池系统成本所占比例为 $35246÷$61923×100%=56.9%，已经接近整车成本的 60% 了。

Model S 的能量成本：如果按照动力蓄电池系统的成本计算，其能量成本是 $35246÷85kW·h=414 $/kW·h。Model S 在电芯水平的能量成本是 $ 26680÷85kW·h=313$/kW·h，以上是按照松下与特斯拉所供货合同计算的结果。如果我们用 2011 年松下的供货价格，那么 Model S 的电芯能量成本是 $15246÷85kW·h=179$/kW·h。

Model S 动力蓄电池系统的重量占整车的比例：Model S 的整车重量为 2109kg，那么电池的重量比例为 339kg÷2109kg=16%。而整个动力蓄电池系统与整车的比例为 544kg÷2109kg=26%。但是，一辆普通轿车的发动机重量占整车的比例一般为 15% 左右。

Model S 的电池寿命：关于特斯拉电池组的循环寿命，到目前为止没有任何公开的数据报道，属于特斯拉商业机密范畴。但是有人实测过单个松下 NCR18650A 电芯的循环性，如果以 80% 容量保持率为标准，在室温下 0.5C 100% DOD 的测试条件下可以达到 1700 次的循环，容量型电芯能够达到这个循环寿命已经相当不错了。由于每个电芯在内阻和容量上的差异，成组以后循环性相对单个电芯会有所降低。但是由于松下 18650 电芯的一致性非常好，而且特斯拉采用了独特的 BMS 设计原理，有理由相信 Model S 的电池组循环性和单电池相比没有较大幅度的下降。

二、具体电池性能指标

各种储能装置的性能指标比较见表 1-2，要注意的是电池成组后单体电池（电芯）的容量和充放电次数会有较大幅度的下降。

表 1-2　各种储能装置的性能指标比较

项目	铅酸电池	镍氢电池	锂离子电池
充电时间	4~12h	12~36h	3~4h
充放电次数	400~600	大于 500	1000

（续）

项目	铅酸电池	镍氢电池	锂离子电池
工作电流	高	高	中
记忆效应	轻微	有	很轻微
自放电（每月）	0.03%	20%	5%~10%
能量密度/（W·h/kg）	30	60~80	100~200
功率密度/（W/L）	小于1000	大于1000	大于1000
安全性	一般	良	差
环境	有污染	基本无污染	基本无污染

早期电动汽车上应用最广泛的电源是铅酸电池，但随着电动汽车技术的发展，铅酸电池由于比能量较低、充电速度较慢、寿命较短，已逐渐被其他蓄电池所取代。镍镉电池主要应用在电动工具或电动叉车上，没有实际应用到电动汽车上。

一般情况下，电动汽车的动力源为动力蓄电池，动力蓄电池在工作中进行的是频繁、浅度的充放电循环，在充放电过程中，电压、电流可能有较大变化。

针对这种使用特点，电动汽车的动力系统对电池有如下几个方面的特别要求：

1）电动汽车要求动力蓄电池具有更高的比功率。
2）电动汽车中动力蓄电池的高充放电效率对保证整车效率具有至关重要的作用。
3）电动汽车动力蓄电池应当在快速充放电和变工况的条件下保持性能的相对稳定。

三、电动汽车对蓄电池的基本要求

混合动力汽车所采用的动力蓄电池要求有较大的质量功率密度（比功率）。混合动力汽车对动力蓄电池的基本要求如下。

1. 比能量大

比能量是保证混合动力汽车能够达到基本合理的行驶里程的重要保证，连续2h放电率的比能量应不低于44W·h/kg。

2. 充电时间短

蓄电池对充电技术没有特殊要求。蓄电池的正常充电时间应小于6h，并能够适应快速充电的要求。蓄电池快速充电达到额定容量的50%所用的时间应在20min左右。

3. 连续放电率高

蓄电池应能够适应快速放电的要求，连续1h放电率可以达到额定容量的70%左右。

4. 自放电率低

自放电率要低，蓄电池应能够长期存放。

5. 环境适应性好

蓄电池应能在各种环境条件下正常稳定工作，不受环境温度的影响，不需要特殊加热，能够适应混合动力汽车行驶时振动的要求。

6. 安全可靠

蓄电池应干燥、洁净，电解质不会渗漏腐蚀接线柱和外壳；不会引起自燃或燃烧，在发生碰撞等事故时，不会对乘员造成伤害。废蓄电池应能够进行回收处理和再生处理，其中的有害重金属能够进行集中回收处理。电池组应可以采用机械装置进行整体快速更换，线路连接方便。

7. 其他

寿命长、免维修、制造成本低。蓄电池的循环寿命应不低于1000次。在使用寿命限定期间内，不需要进行维护和修理。

知识点 02　混合动力汽车镍氢电池的基本认知

一、镍氢电池简介

镍氢电池（Ni-MH）是一种碱性电池，单体电池电压1.2V，比能量75~80W·h/kg，比功率160~230W/kg，体积能量密度达到200W·h/L，体积功率密度达到400~600W/L。

1. 优点

1）充电18min可恢复40%~80%的容量，过充电和过放电性能好。
2）应急补充充电性能好，1h内可以完全充满，应急补充充电时间短。
3）在80%的放电深度下，循环寿命可达到1000次以上，是铅酸电池的3倍。
4）一次充电后行驶里程长，而且启动加速性能较好。
5）可以在环境温度-28~80℃条件下正常工作。
6）循环寿命可达到6000次或7年。
7）采用全封闭外壳，可以在真空环境中正常工作。
8）低温性能较好，能够长时间存放。
9）镍氢电池中没有铅（Pb）和镉（Cd）等重金属元素，不会对环境造成污染。
10）镍氢电池可以随充随放，不会出现镍镉电池在没有放完电即充电而产生的"记忆效应"。

2. 缺点

1）在高温条件下使用时电荷量急剧下降。
2）自放电损耗较大。
3）价格较贵，镍氢电池的成本很高，约达600~800美元/kW·h，不同的储氢合金具有不同的储存氢能力，价格也不相同。
4）镍氢电池的比功率和放电能力不及镍镉电池。
5）镍氢电池在使用时应充分注意各个单体电池之间的一致性，特别是在高速率、深放电情况下，各个单体电池之间的容量和电压差较明显。因此需要注重对电池组在充、放电过程中的导热管理和电池安全装置的设计。

目前日本产混合动力汽车多采用镍氢电池作为能源。

二、镍氢电池构造

镍氢电池正极是活性物质氢氧化镍Ni(OH)$_2$，负极是储氢合金，用氢氧化钾作为电解质，在正负极之间有隔膜，共同组成镍氢单体电池，在金属铂的催化作用下，完成充电和放电的可逆反应。镍氢电池的特性与镍镉电池特性基本相同，但氢气是没有毒性的物质，无污染、安全可靠、使用寿命长，而且不需要补充水分。

镍氢电池的极板有发泡体和烧结体两种，发泡体极板的镍氢电池在出厂前必须进行预充电，且放电电压不能低于0.9V，工作电压也不太稳定，特别是在存放一段时间后，会有近20%的电荷流失，老化现象比较严重。为避免发泡镍氢电池老化所造成的内阻增高，镍氢电池在出厂前必须进行预充电。经过改进的镍氢电池的烧结体极板本身就是活性物质，不需要进行活性处理也不需要进行预充电，电压平衡、稳定，具有低温放电性能好、不易老化和寿命长的优点。

通常镍氢电池的外形有方形和圆形两种。

三、镍氢电池工作原理

如图1-1所示，镍氢电池的正极，是由球状氢氧化镍粉末与添加剂等金属、塑料和黏合剂等制成的涂膏，用自动涂膏机涂在正极板上，然后经过干燥处理成发泡的氢氧化镍正极板。在正极材料Ni(OH)$_2$中添加Ca、Co、Zn或稀土元素，对稳定电极的性能有明显的改善。采用高分子材料作为黏合剂或用挤压和轧制成的泡沫镍电极，并采用镍粉、石墨等作为导电剂时，可以提高大电流时的放电性能。

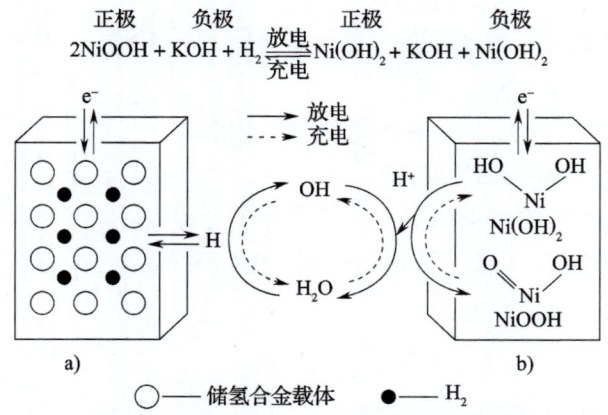

图1-1 镍氢电池在碱性电解液中进行反应的模型

a) 储氢合金载体负极　b) 镍正电极

镍氢电池负极的关键技术是储氢合金，要求储氢合金能够稳定地经受反复的储气和放气循环。储氢合金是一种允许氢原子进入或分离的金属，是用钛-钒-锆-镍-铬（Ti-V-Zr-Ni-Cr）五种基本元素及钴、锰等金属元素烧结的合金，经过加氢、粉碎、成形和结成负极板。储氢合金的种类和性能，对镍氢电池的性能有直接的影响。负极在充电或放电过程中既不溶解也不结晶，电极不会有结构性的变化，在保持自身化学功能的同时，还保证本身的机械坚固性。储氢合金一般需要进行热处理和表面处理，以增加储氢合金的防腐性能，这有利于提高镍氢电池的比能量、比功率和使用寿命。

电解质是水溶性氢氧化钾（KOH）和氢氧化锂（LiOH）的混合物。当电池充电时，水在电解质溶液中分解为氢离子和氢氧离子，氢离子被负极吸收，负极从金属转化为金属氢化物。在放电过程中，氢离子离开了负极，氢氧离子离开了正极，氢离子和氢氧离子在电解质氢氧化钾中结合成水并释放电能。

镍氢电池在充电过程中容易发热，发热产生的高温，会对镍氢电池产生负面影响。高温状态下，正极板的充电效率变差，并加速正极板的氧化，使电池的寿命缩短。镍氢电池在充电后期，会产生大量的氧气，在高温的环境条件下，将加速负极储氢合金氧化，并使储氢合金平衡压力增加，使储氢合金的储氢量减少，从而降低镍氢电池的性能。尼龙无纺布隔膜在高温的作用下，会发生降解和氧化。尼龙无纺布隔膜发生降解时，产生铵离子（NH_4^+）和硝酸根（NO_3^-）离子，加速了镍氢电池的自放电。尼龙无纺布隔膜发生氧化时，氧化成碳酸根，使镍氢电池的内阻增加。在镍氢电池充电过程中，电池温度迅速升高，会使充电效率降低，并产生大量氧气，如果安全阀不能及时开启，会有发生爆炸的危险。

四、充、放电特性

（1）放电特性　镍氢电池（6个单体电池组件）放电时，$2C$功率输出时的比功率可达到600W/kg以上，$3C$功率输出时的比功率可达到500W/kg以上，放电深度范围内比功率的变化比较平稳，这对混合动力汽车的动力性能控制十分有利，电池的寿命可以达到10万km以上。

（2）充电特性　镍氢电池的充电接受性很好，充电效率几乎达到100%，能够有效地回收混合动力汽车在制动时反馈的电能。另外，由于能量损耗较小，镍氢电池的发热量被控制在很小的范围内，这样可以有效地控制剩余电量，并用电流来显示电池的剩余电量。

五、实车应用

1. 本田车系

图1-2所示为本田Insight镍氢电池组，电池组置于行李舱底板，由120颗松下1.2V镍氢电池组成，串联合计电压为144V，支持50A充电，100A放电。为延长电池寿命，每个电池单元放电量为4A·h，电池组共可放电144×4=0.576kW·h。

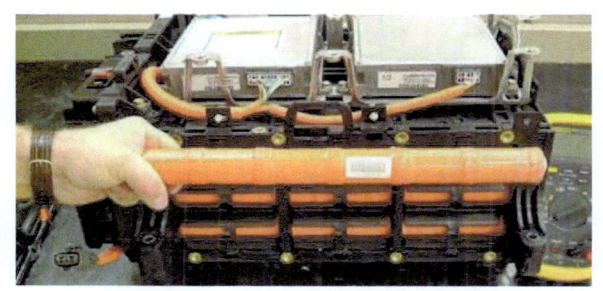

图1-2　本田Insight镍氢电池组

2. 丰田车系

图 1-3 所示为丰田第二代普锐斯镍氢电池组，重 53.3kg，由 28 组松下镍氢电池模块构成，每个模块分别载有 6 个 1.2V 电池（图 1-4），总计 168 个电池，串联标称电压合计 201.6V，比第一代的 38 组 228 个电池有所减少。第三代丰田普锐斯在国外为插电式混合动力（PHEV）车型，电池装载较多，而在国内因无插电功能，所以电池数量和第二代完全相同，标称电压仍为 201.6V。

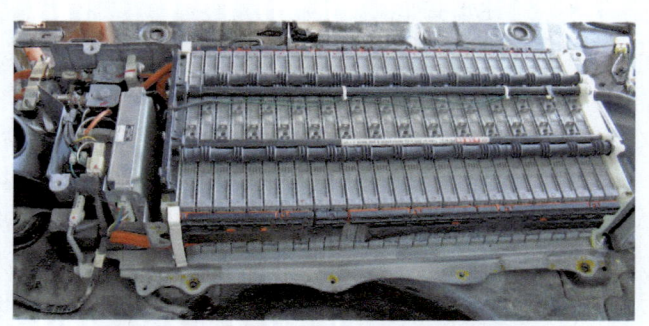

图 1-3　丰田第二代普锐斯镍氢电池组

旧款普锐斯中，HV 蓄电池间为单点连接，接点在电池上部，而新车型中的蓄电池间为双点连接，新增的点在电池下部，这样蓄电池的内部电阻得以降低。

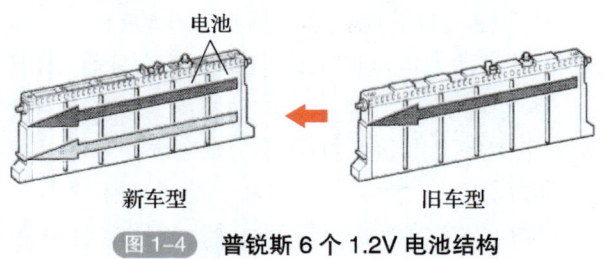

图 1-4　普锐斯 6 个 1.2V 电池结构

新款普锐斯在镍氢电池的制造技术上进行了一些改进，如正极板采用多极板技术，负极板采用端面焊接技术，在电解液中适当加入 LiOH 和 NaOH，采用抗氧化能力强的聚丙烯毡做隔膜等，可以有效地提高镍氢电池耐高温能力。在镍氢电池组之间加大了散热间隙，采取有效的散热措施并建立自动热管理系统，以保证镍氢电池正常工作并延长使用寿命。通过增大冷却强度可以让镍氢电池的放电功率有一定程度的提高，比如由 25kW 提高到 27kW。

知识点 03　电动汽车锂离子电池的基本认知

【行业资讯】　实用商品化的纯电动汽车一般都采用锂离子电池，就目前来判断，未来很长一段时间仍将采用锂离子电池。

一、锂离子电池类型

锂离子电池主要由电极、隔膜、电解质和外壳组成。正极主要为含锂的化合物,常见的正极材料包括钴酸锂(LCO)、锰酸锂(LMO)、三元材料(NCM)、磷酸铁锂(LFP)等。负极大多采用石墨。隔膜是一层具有电绝缘特性的物质,它可以把正负极分隔开,具有使电解质中离子通过的能力。常用的电解液通常为有机物。外壳有钢壳、铝塑膜,其中铝塑膜大多由耐磨层、铝层、防腐蚀层、粘结层几部分组成,其中耐磨层是电池的外表面,可以防止汽车长期运行中电池位置错动引起的磨损,铝层可以起到防止水分进入的作用。

二、三元锂离子电池的特点

目前市场上的锂离子电池正极材料主要是氧化钴锂($LiCoO_2$),另外还有少数采取氧化锰锂($LiMn_2O_4$)和氧化镍锂($LiNiO_2$)以及三元材料($LiNiCoO_2$)作为正极材料的锂离子电池。不同正极材料锂离子电池放电曲线如图1-5所示。

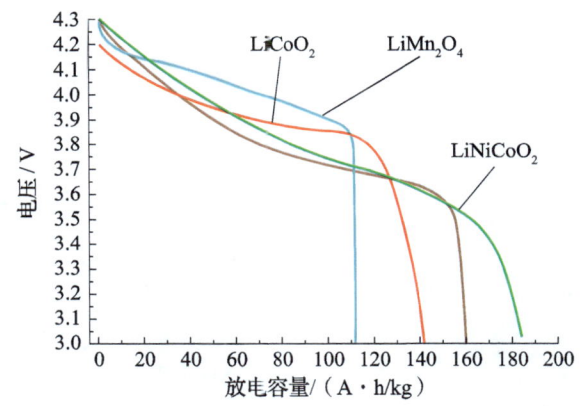

图1-5 不同正极材料锂离子电池放电曲线对比

常见的三元锂离子电池有NCM523、NCM622和NCM811三种类型。NCM811电池指的是三元锂电池的正极材料镍、钴、锰三种金属比例为8:1:1的电池,与常见的NCM523和NCM622电池相比,提高了镍的含量,同时降低了钴和锰的含量。镍的比例增高,能够增加能量密度,但也带来了更加激烈的电化学反应,影响电池的安全性能。不过,由于减少了钴的用量,NCM811电池价格也将大幅降低,对于车企来说,这样的电池极具吸引力。

比亚迪汉DM插电式混合动力汽车的动力蓄电池就是三元锂离子电池,即镍钴锰酸锂电池。

三元锂离子电池具有以下特点。

1)普通单体电池工作电压高达3.7V,是镍氢电池的3倍,是铅酸电池的近2倍。

2)重量轻,比能量大,高达150W·h/kg,是镍氢电池的2倍,铅酸电池的4倍,因此重量是相同能量的铅酸电池的三分之一到四分之一。

3)体积能量密度大,高达400W·h/L,是铅酸电池的二分之一到三分之一。

4)循环寿命长,循环次数可达1000次。以容量保持60%计,电池组100%充放电循环次数可以达到 600 次以上，使用年限可达 5 年以上，寿命约为铅酸电池的两到三倍。

5）自放电率低，每月不到 5%。

6）允许工作温度范围宽，低温性能好，可在 $-20\sim55℃$ 之间工作。

7）无记忆效应，每次充电前不必像镍镉电池、镍氢电池一样需要放电，可以随时随地进行充电。

8）电池充放电深度对电池的寿命影响不大，可以全充全放。

9）无污染，电池中不存在有毒物质，因此被称为"绿色电池"。

图 1-6 所示为乘用车采用的锂离子电池组。

图 1-6　奥迪 Q5 混合动力汽车锂离子电池组

三、磷酸铁锂电池

磷酸铁锂电池是一种使用磷酸铁锂（$LiFePO_4$）作为正极材料、碳作为负极材料的锂离子电池，单体标称电压为 3.2V，充电截止电压为 3.6~3.65V，放电截止电压为 2.5V，最大持续放电倍率为 $3C$。

图 1-7 所示为汽车磷酸铁锂电池组。

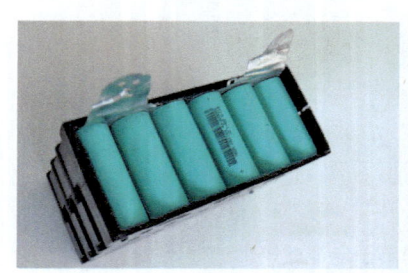 

图 1-7　汽车磷酸铁锂电池组

磷酸铁锂电池具有以下优点。

（1）高效率输出　标准放电为 $2C\sim5C$，连续大电流放电可达 $10C$，瞬间脉冲放电（10s）可达 $20C$。

（2）高温时性能良好　外部温度 65℃ 时内部温度高达 95℃，电池放电结束时温度可达 160℃，电池的结构安全、完好。

（3）安全性好　即使电池内部或外部受到伤害，电池也不燃烧、不爆炸。

（4）循环容量大　经 500 次循环，其放电容量仍大于 95%。

四、锂离子电池工作原理

无论是高压（3.7V）锂离子电池还是低压（3.2V）锂离子电池其基本原理是相同的。各种锂离子电池内部主要由正极、负极、电解质及隔膜组成，正负极及电解质材料不同工艺上的差异使电池有不同的性能，尤其是正极材料对电池的性能影响最大。

下面以磷酸铁锂（$LiFePO_4$）电池为例说明其工作原理。磷酸铁锂（$LiFePO_4$）电池的结构与工作原理如图 1-8 所示，磷酸铁锂（LiFePO$_4$）作为电池的正极，由铝箔与电池正极连接，中间是聚合物的隔膜，它把正极与负极隔开，锂离子 Li$^+$ 可以通过而电子 e$^-$ 不能通过，右边是由碳（石墨）组成的电池负极，由铜箔与电池的负极连接。电池的上下端之间是电池的电解质，电池由金属外壳密闭封装。磷酸铁锂（LiFePO$_4$）电池在充电时，正极中的锂离子 Li$^+$ 通过聚合物隔膜向负极迁移。在放电过程中，负极中的锂离子 Li$^+$ 通过隔膜向正极迁移。锂离子电池就是因锂离子在充放电时来回迁移而得名的。

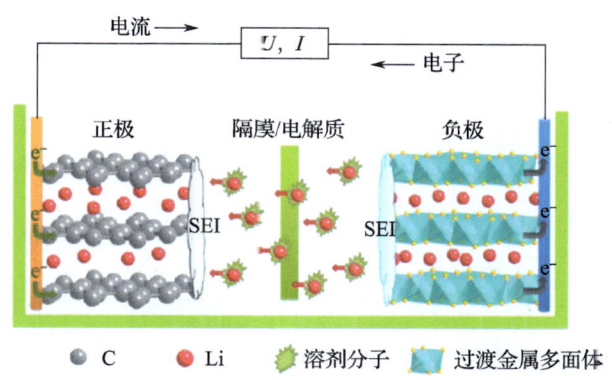

图 1-8　磷酸铁锂（LiFePO$_4$）结构与工作原理示意图

技术指导　锂离子电池正极由含有锂离子的金属氧化物组成，负极一般是石墨构成的晶格，充电时锂离子由正极向负极一端移动，最终嵌入由石墨构成的稳定晶格中。可以容纳锂离子的晶格越多，可以移动的锂离子越多，电池容量越大。

五、锂离子电池的标称参数

圆柱形电池由英文字母、数字叠加表示，分别代表电池的类别及外部尺寸。如圆柱形电池 18650B（图 1-9）：18 代表电池的直径、65 代表电池的高度、0 代表圆柱形电池、B 代表 B 品电池。常见的圆柱形电池有 18650、21700、26650、32650、38650、46800。

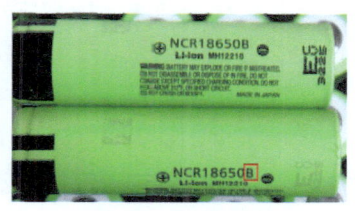

图 1-9　18650B 电池

方形铝壳电池由英文字母、数字叠加表示，分别代表电池的材料类型及电池外部尺寸。比如：国轩高科电池 IF P27175200A-105Ah（图 1-10），其中 IF 代表电池的正极材

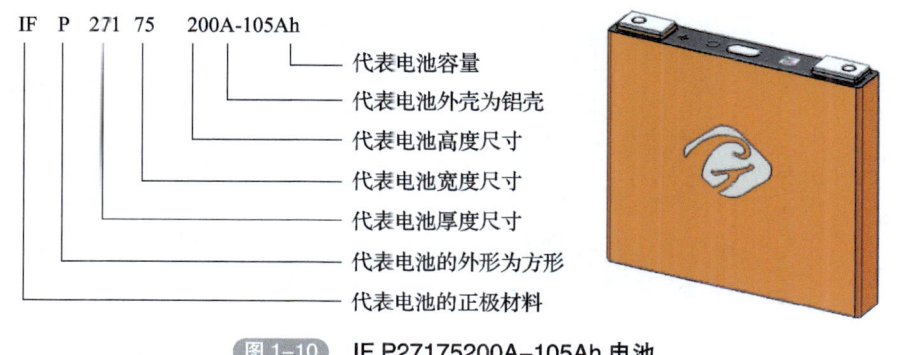

图 1-10　IF P27175200A-105Ah 电池

料为磷酸铁锂，P 代表方形电池，271 代表电池的厚度为 271mm，75 代表电池的宽度为 75mm，200 代表电池的高度为 200mm，105 代表电池的容量。

六、动力蓄电池的成组

单体锂电池的电压并不足以支持整车的高压部件工作，因此有必要将多个单体串联，组成一个高电压的电池。而车辆有一定的续驶要求，电池也要达到一定的容量才能满足需求，因此需要对单体电池进行并联扩容。

动力蓄电池成组有 3 种方式：串联、先串联后并联或先并联后串联（图 1-11）。

2020 款比亚迪秦 EV 通过 112 个三元锂电池串联而成电池包，此电池包是由 12 个电池模组串联组成的，成组方式是 1P112S，即"1 并 112 串"。

比亚迪 K8 电动公交大巴（直流版）将 165 个磷酸铁锂电池串联组成 1 个电池包后，再由 2 个电池包并联组成动力蓄电池，简称为 165S2P。

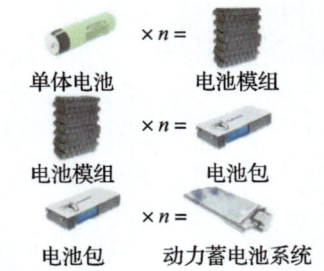

图 1-11　动力蓄电池的结构类型

技能点　分解锂离子电池箱

动力系统（电力驱动系统）的锂离子电池部分包括锂离子电池箱、锂离子电池本身、高压配电箱、锂离子电池管理系统。电池管理系统的主要监测内容如下：一是监测每一块锂离子电池的电压；二是监测电池的充电电流或放电电流；三是监测电池箱内的温度，负责在锂离子电池过冷时加热电池，在电池过热时通过温度管理系统降温；四是监测高压配电箱中各继电器开关闭合或断开的反馈信号。有时高压绝缘检测也由电池管理系统完成，所以输入信号增加了漏电电流检测功能。

一、锂离子电池箱铭牌

图 1-12 所示为吉利（GEELY）帝豪 EV300 纯电动汽车的电池箱标牌。电池采用三元锂离子电池，电池供应厂家为宁德时代（CATL）。

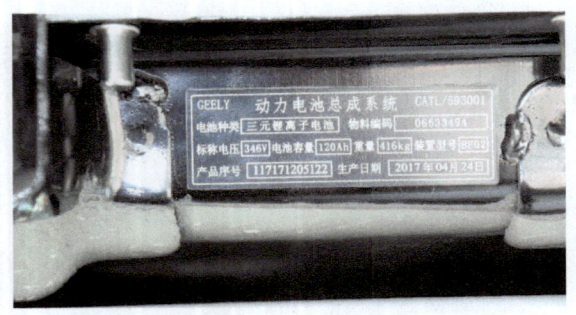

图 1-12　三元锂离子电池

电池的标称电压为346V，电池容量为120A·h，电池的重量为416kg。用电压（V）×容量（A·h）=346×120=41.52kW·h，即可充入41.52kW·h的电能。

二、锂离子电池箱盖

为了在汽车车身下侧布置电池箱，电动汽车电池箱一般设计成如图1-13所示，这样最大限度地增加了电池的数量，不会特别影响底盘的通过性。

电池箱的上盖一般采用玻璃钢材料制作，重量轻，电绝缘和热绝缘效果好。

电池下部底拖板采用金属制作，在底拖板的外缘设计有与车身底部连接的螺栓孔，通过大量的螺栓将电池箱连接在车身底侧上。

电池箱从车上抬下或抬上要采用电池箱举升机（图1-13）来辅助完成，没有电池举升机辅助工作是十分困难和相当危险的。

图1-13　电动汽车电池箱及电池箱举升机的外观

三、电池箱分解

在分解电池箱前，为了安全起见，一定要取下检修塞（图1-14），并妥善保存，以防被误插回。拆下锂离子电池上盖的沉头螺栓，再拆下上盖和下拖板间的大量螺栓即可取下上盖。

在检修车辆高压系统时，只有在拔下电池箱上的检修塞插头后，才能安全地进行作业。检修塞内装有银质直流熔丝，检修塞和检修塞座之间的插拔是有次数限制的。

在拆开电池箱时，也必须将检修塞从检修塞座取下（图1-15），并妥善保管。

图1-14　内置熔丝的检修塞插头位置

图1-15　拔下内置熔丝的检修塞插头

首先，取下电池箱检修塞位置的4个沉头螺栓（图1-16），在电池箱后侧抬起，并向前推上盖，保证前部高压电缆引出座从电池上盖中让出，取下上盖，可见到图1-17所示的电池箱的内部结构。

图1-16　取下电池箱检修塞位置的4个沉头螺栓

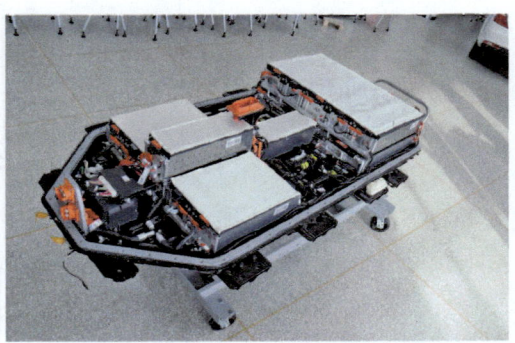

图1-17　取下上盖的电动汽车锂离子电池箱内部结构

四、锂离子电池成组

锂离子电池箱内的电池通常采用多个电池并联以增大容量，这些并联的电池再串联成为一组（图1-18），多组电池再串联成为电池箱内的动力电池。

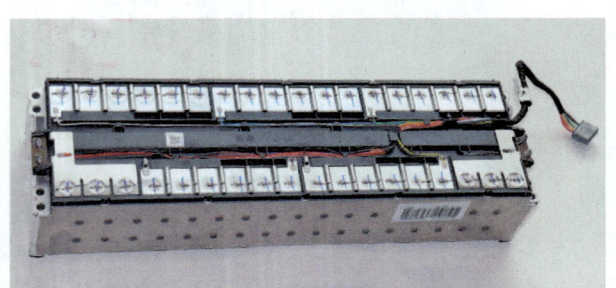

图1-18　三并六串的一个电池组

吉利汽车的电池组分成两种，一种是3P5S，另一种是3P6S。3P的意思是3个40A·h的锂离子电池并联成为120A·h；5S的意思是5个这样的120A·h电池串联成为一组。同理，3P6S是6个这样的120A·h电池串联成为一组（图1-19）。采用3P5S和3P6S分组的依据是底盘所能允许的空间。

不同电池组之间通过橙色扁电缆连接实现组与组之间的串联。为了区别不同组，要在电池的侧面标出电池是如何串联的，同时电池组之间也要编号，比如M1、M2……M17，而具体的两种串并联结构参见图1-20。

表1-3列出了吉利电动汽车EV300的电池箱说明。

图1-19　电池的串并联

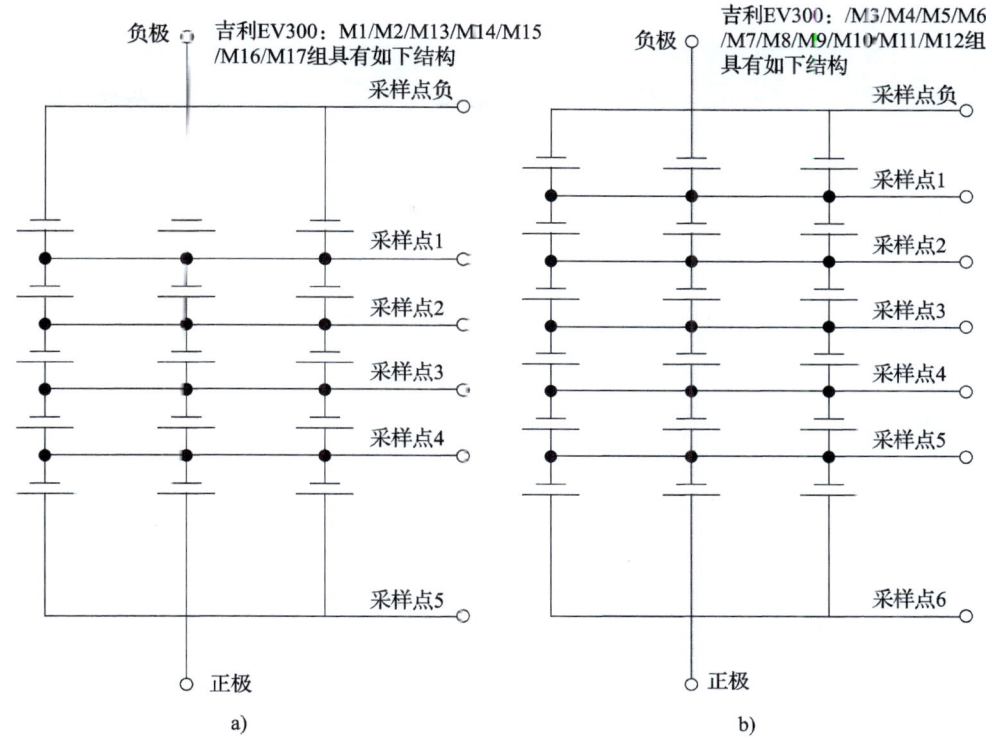

图 1-20 吉利 EV300 电动汽车的电池的两种串并联结构

a) 3P5S 电池组结构　b) 3P6S 电池组结构

表 1-3 吉利电动汽车 EV300 电池箱说明

采集盒型	电池并串形式 3P5S	电池并串形式 3P6S	CAN 总线端电阻	电池故障编号查询
CSC1（尾号 37）	M1、M2		27kΩ	1-10
CSC2（尾号 45）		M3、M4	27kΩ	11-22
CSC3（尾号 45）		M5、M6	27kΩ	23-44
CSC4（尾号 45）		M7、M8	27kΩ	45-56
CSC5（尾号 45）		M9、M10	27kΩ	57-68
CSC6（尾号 45）		M11、M12	27kΩ	69-80
CSC7（尾号 37）	M13、M14		27kΩ	81-90
CSC8（尾号 33）	M15		27kΩ	91-95
CSC9（尾号 46）	M16、M17		27kΩ	96-115

学习任务单

动力蓄电池原理的认知与电池箱的分解　　学　号　　　　　　姓　名

一、填空题

1. 电动汽车动力蓄电池目前常见的两种电池是_____、_____。
2. 锂离子电池的常用的两种是_____、_____。
3. 镍氢电池的单体电压是_____伏。
4. 磷酸铁锂电池的单体电压是_____伏。
5. 三元锂离子电池的单体电压是_____伏。

二、判断题

1. 电动汽车电池是单体串联，电压为各单体电压之和。　　　　　　　　（　　）
2. 电动汽车电池中 3P5S 是三个单体电池并联，并且采用五个这样的电池串联的意思。　　　　　　　　　　　　　　　　　　　　　　　　　　　　　（　　）
3. 镍氢电池不怕冷，但怕热。　　　　　　　　　　　　　　　　　　（　　）
4. 锂离子电池不怕冷，但怕热。　　　　　　　　　　　　　　　　　（　　）

三、单选题

1. 镍氢电池的单体电池电压在（　　）。
   A. 1.2V 以下　　　B. 1.2V 以上　　　C. 1.3V 以下　　　D. 1.3V 以上
2. 磷酸铁锂电池的单体电池电压在（　　）。
   A. 3.2V 以下　　　B. 3.2V 以上　　　C. 3.3V 以下　　　D. 3.3V 以上
3. 三元锂离子电池的单体电池电压在（　　）。
   A. 3.7V 以下　　　B. 3.7V 以上　　　C. 3.3V 以下　　　D. 3.3V 以上
4. 高科电池 IF R32135–15Ah 中的 15Ah 代表（　　）。
   A. 容量　　　　　B. 能量　　　　　C. 功率　　　　　D. 电流
5. 大多数检修塞内部安装（　　）。
   A. 交流熔丝　　　B. 直流银质熔丝　　C. 电流传感器　　D. 电压传感器

实践任务
电池箱的分解与元件认知

一、小组分工

按照前面所了解的知识内容,落实各项工作负责人(表1-4),如任务实施前的准备工作、实施中主要操作及协助支持工作、实施过程中相关要点及数据的记录工作等。

表1-4 工作任务分配

班级		组号		指导老师	
组长		学号			
组员角色分配					
操作员1		学号			
操作员2		学号			
记录员		学号			
安全员		学号			
任务分工					
(就组织讨论、工具准备、数据采集、数据记录、安全监督、成果展示等工作内容进行任务分工)					

二、人员防护用品及操作工具

表1-5所列为本课程实训用到的人员防护用品及操作工具。

表1-5 人员防护用品及操作工具

图片	名称	要求	用途
	手套	普通劳保手套	拆卸螺栓、搬运物品等过程中对手部的保护

（续）

图片	名称	要求	用途
	绝缘鞋	耐压 DC 1000V	拆卸高压部件时对作业者脚部防护
	电工胶布	普通型	高、低压插件端口防护
	绝缘防护手套	耐压 DC 1000V	操作高压部件时手部、臂部防护
	护目镜	耐酸碱液体	拆卸漏液动力蓄电池时眼部的防护
	绝缘工具套装	耐压 DC 1000V	拆卸高压部件螺栓等
	龙门举升机	4t	举升新能源汽车
	电池举升平台	高度 1.2~1.7m	动力蓄电池拆卸，移动动力蓄电池
	扳手套装	常用工具	拆卸车辆除高压部件外的其他零部件
	叉车	1.5t 以上	移动动力蓄电池及高压部件

三、维修方案合理性评估和纠正

教学提示 教师提供资料或操作视频进行提示，以帮助学生完成主要工作步骤的填写（表1-6）。教师评估通过后，方可进行具体操作实施。学生可先行在草纸上进行，任务实施中若有改变需经教师再次评估，以确认安全和可行。

班级：_____ 姓名：_____ 学号：_____

表 1-6 主要工作步骤的填写用表

内容	序号	为解决问题的主要操作步骤（不含准备及 5S）	通过 / 不通过
学生完成	1		
	2		
	3		
	4		
	5		
	6		
	7		
	8		
教师完成	1	安全可行	
	2	步骤可行	
	3	时间可行	
	4	成本可行	

四、工作准备

小组完成设备、工具和资料准备自检（表 1-7）。

表 1-7 设备、工具和资料准备自检表

序号	设备、工具、资料名称	数量	设备及工具是否完好
1			□是 □否
2			□是 □否
3			□是 □否
4			□是 □否
5			□是 □否
6			□是 □否
7			□是 □否
8			□是 □否

五、过程记录

电池箱的分解与元件认知见表 1-8，按步骤完成工作，并在完成的工作前打钩。对异常部分进行记录说明。

表 1-8 电池箱的分解与元件认知

序号	工作内容	记录说明
高压安全作业准备	人员资质要求：对电动汽车高压系统进行维修操作，操作人员需满足国家法规要求的机电维修工岗位要求或持有本人的电工操作证 □工作场地干燥无水渍检查 □在工作场地铺设橡胶绝缘垫 □工作场地设置警示牌和高压作业区域隔离 □配备紧急救援和灾害处理的相关设施，如干粉灭火器、急救箱等 □一人监护，一人操作 □操作人员必须穿绝缘鞋、戴绝缘手套，其电压等级必须大于操作对象的最高电压，必要时戴防护眼镜或防护面罩。所有用具使用前必须检查是否完好、干燥无异味，确保安全。操作人员不允许佩戴金属饰品	
高压安全下电	□将车辆停入作业工位 □车辆下电，将车辆钥匙存放在安全处 □打开前机舱，铺设前机舱翼子板垫 □断开蓄电池负极，负极电缆接头用绝缘胶布包好，蓄电池负极桩头用盖子盖好或用绝缘胶布包好 □放置车辆 5~10min，对新能源汽车的高压电容器进行放电 □断开前机舱动力蓄电池包母线进行验电。断开动力蓄电池母线后，需要对动力蓄电池的母线进行验电，如果母线有残余电荷，需用放电设备进行放电，确保动力蓄电池母线无电 □验电完毕，将动力蓄电池包母线插接件用盖子盖好或用绝缘胶布包好	
举升车辆	□调节举升臂位置，将臂上的垫块对准车辆的举升点 □按下举升按钮，当汽车被举起时，观察车辆是否水平托举 □当车辆离地面 5~10cm 时停下，检查车辆是否被平稳托举，车辆是否牢固无偏差 □确认无问题后，将车辆举升到合适高度 □拉下锁定装置	
动力蓄电池包外观检查	围绕动力蓄电池总成四周检查外观 □电池箱变形检查 □高压插座检查 □低压插座检查 □大气平衡孔检查	
拆卸动力蓄电池包附件及检测	□拆下电池包托盘底部安装的护板 □拆下电池包低压插接件及高压插接件（高压需佩戴绝缘手套） □用万用表检测电池包是否漏电。检测方法（需佩戴绝缘手套）：将万用表正极分别搭在电池正负极引出线，负极搭车身地。正常值为 10V 以下。若过大，不要拆卸，检查漏电原因和地方，排除问题后再进行以下操作； □排空动力蓄电池总成冷却液 □拆卸动力蓄电池总成搭铁线或等电位线	

班级：_____ 姓名：_____ 学号：_____

（续）

序号	工作内容	记录说明
拆卸动力蓄电池包	□在电池包正下方准备电池包升降台，升降台需要升至电池包的高度托举电池包 □佩戴绝缘手套，使用套筒卸掉动力蓄电池与车身固定螺栓，将电池包拆放至升降台 □缓慢将电池包升降台降至合适高度后，拉出车辆举升工位并将电池包放置在专用工位，设置安全警示牌及隔离栏	
拆卸电池包上盖	□使用手持式电动手枪钻，选用合适大小的钻头，沿电池一周取下电池上盖固定铆钉 □使用一体化工量具里的平面铲刀，沿电池一周把密封胶铲出，使电池上盖与电池底板分离 □选用一体化工量具里面的合适棘轮、接杆、套筒，打松电池高低压插接器处压板固定螺栓，取下固定压板 □将动力蓄电池包上盖取下	
元件识别	□认识高压配电箱组成 □认识电池管理系统模块 □认识电池信息采集器 □认识电池采集线束 □认识电池模组连接方式及布局 □认识电池温度传感器 □认识电流传感器 □认识电池中间继电器	
逆序安装	□安装电池包上盖 □安装动力蓄电池包 □安装动力蓄电池包附件及检测	
实训现场5S	□工具车工具放回原位 □电池箱装回原位 □认识电池模组连接方式及布局 □认识电池包内部液冷系统结构	

六、评价反馈

以小组为单位进行自评，并将结果填入表1-9中。

小组自评要能承受小组间互评的考验，互评阶段被其他小组找出扣分项，扣分加倍。

表 1-9　小组自评表

班级		组别	
日期		指导教师	
实践任务名称			
全体组员姓名			

评价项目		评价标准	分值	得分
考勤（10%）		小组少1人，扣5分	10	
工作过程（60%）	计划制订合理	工作方案合理可行，一次通过不扣分，每多1次评估通过扣5分	20	
	任务实施	元件名称，错误1次扣2分	20	
		元件作用，错误1次扣2分	10	
		类型不正确，错误1次扣5分	10	
	工作态度	认真严谨，积极主动，安全生产，文明施工，违反1项1次扣1分	5	
	工作质量	能按照工作方案操作，按计划完成工作任务，未完成扣3分	5	
	团队合作	与小组成员、同学之间能合作交流、协调工作，违反1项1次扣1分	5	
项目成果（30%）	工作完整	不能按时完成工作任务的所有环节，扣5分	5	
	工作规范	在整个操作过程中出现不规范操作，违反1项1次扣1分	5	
	汇报展示	能准确表达、汇报工作成果，差一级减1分	5	
合计			100	
总结与反思				
（如：学习过程中遇到什么问题→如何解决的/解决不了的原因→心得体会）				

Module 02

能力模块二
动力蓄电池管理系统功能和技术认知

情境导入

一辆 2014 年 5 月出厂的比亚迪 E6 纯电动汽车，仪表出现一个红色的蓄电池符号，旁边还有一个感叹号。若关掉点火开关，重新开启上电操作，有时符号消失，还能上电，偶尔符号出现时就不能上电了。经比亚迪服务技师用诊断仪诊断后判断故障原因为电池电芯老化严重，需要更换一个电池模组。

如果你是接车的修理技术人员，修理方案应如何制定。

学习目标

能力目标
- 能说出汽车动力蓄电池管理的内容有哪些。
- 能说出电池管理系统的关键技术有哪些。
- 能说出镍氢电池的电池管理系统参数有哪些。
- 能说出三元锂离子电池的电池管理系统参数有哪些。
- 能说出磷酸铁锂电池的电池管理系统参数有哪些。

素养目标
- 了解我国电池管理系统产业的发展历程，感受国内新能源汽车企业攻坚克难的探索精神。
- 获得多途径检索知识、分析解决问题以及多元化思考解决问题的方法，形成创新意识。
- 具有良好的团队协作精神和较强的组织沟通能力。
- 具备良好的职业道德，尊重他人劳动，不窃取他人成果。
- 具有正确的操作安全意识。
- 具有资料查询与计划制订能力。

知识储备

知识点 01 电池管理系统功能认知

电池管理系统在研究型单位称为 BMS（Battery Management System），在生产和售后服务资料中多称为电池管理控制单元（BMC）。

电池管理控制单元本质就是一个汽车级的控制器，图 2-1 所示为丰田普锐斯混合动力汽车电池管理控制单元，图 2-2 为比亚迪 E6 纯电动汽车电池管理控制单元。

图 2-1 丰田普锐斯混合动力汽车电池管理控制单元

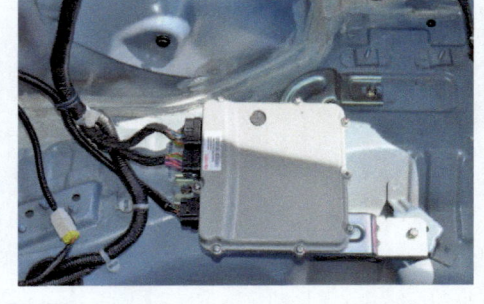
图 2-2 比亚迪 E6 纯电动汽车电池管理控制单元

一、电池管理的必要性

1. 大容量单体电池会过热

汽车动力蓄电池采用大容量单体锂电池容易产生过热。单体电池有一定的温度耐受范围，在实际应用中如果体积过大，会产生局部过热，从而影响电池的安全和性能。因此，单体电池的大小受到限制，动力和储能电池不可能采用超大的单体锂电池。在苛刻的使用环境下，110mm×110mm×25mm 的 20A·h 锂电池，局部最高温度为 135℃；而 110mm×220mm×25mm 的 50A·h 锂电池，局部温度高达 188℃，更容易发生安全问题。所以有必要监测和控制温度。

2. 电池的性能不完全一致

基于现有的正极材料和电池制造水平，单体电池之间尚不能达到性能的完全一致，在通过串并联方式组成大功率大容量动力蓄电池组后，苛刻的使用条件也易诱发局部偏差，从而引发安全问题。因此，为确保电池的性能良好、延长电池使用寿命（提升 50% 以上），必须使用 BMS 对电池组进行合理有效的管理和控制。表 2-1 所列生产和使用过程均会造成电池性能不一致。

表 2-1　生产和使用过程均会造成电池性能不一致

过程	原因	造成的差异
生产过程	• 生产工艺、材质有差异 • 生产的批次不同 • 个别电池生产时产生内部短路	• 电压、内阻、容量 • 电流承受能力 • 电压分布不均匀
使用过程	• 长时间使用，材质老化不同步 • 电池自放电 • 电池组内不同区域温度不同 • 串、并联充放电工作电流不同 • 系统局部漏电	

二、电池成组问题

电池成组后主要的问题有以下几个方面。

1. 过充电/过放电

串联的电池组在充电/放电时，由于充电/放电时化学反应不一致，部分电池可能先于其他电池充满/放完。继续充电/放电就会造成过充电/过放电，导致电池容量下降、热失控或者内部短路等问题。

2. 过大电流

并联、老化、低温等情况，均会导致部分电池的电流超过其承受能力，降低电池的寿命。

3. 温度过高

局部温度过高，会使电池的各项性能下降，最终导致内部短路和热失控，产生安全问题。

4. 短路或者漏电

因为振动、湿热、灰尘等因素造成电池短路或漏电，威胁驾乘人员的人身安全。

三、电池管理系统的输入信号

BMS 的功能是要避免电池成组后出现的问题，因此需要动态监测动力蓄电池组的工作状态，为此要监测电池电压、温度和电流进行管理。

1. 电压

利用成组或每块电池的端电压进行电池一致性计算、总电压计算，采集成组后的电池电压是降低成本和提高可靠性的一种实用方式。

2. 温度

对每个电池的温度进行直接监测是不现实的，汽车制造商采用的方法是监测电池箱内的温度，作为温度控制的依据。

3. 电流

利用电流信号估算出各电池的荷电状态（State Of Charge，SOC）；利用电流和电压共同推断电池的健康状态（State Of Health，SOH）和电池剩余能量状态（State Of Energy，SOE）。

四、电池管理系统的输出信号

1. SOC 计算

BMS 将估算的剩余电量显示出来或换算成可行驶里程，若有过大功率输出超过当前 SOC 的功率允许值时，进行限制。

2. 电压不一致监控

BMS 监控单体电压值中的最高和最低值，如果超过限制值，点亮动力蓄电池故障灯。BMS 同时能够及时给出故障电池所在箱号和箱内位号，方便挑选出有问题的电池，保持整组电池运行的可靠性和高效性。

技师指导　这种电压不一致是在充放电电流相同的情况下仍然产生的故障现象，未来可通过电池组件电压平衡技术来解决，目前商品化电动汽车还未应用此技术，可能是其经济效益并不被厂家认可，增加的成本较高。

3. 内阻不一致监控

BMS 通过单体电池的电压和电流计算出内阻值，如果发现电池之间内阻不一致，点亮动力蓄电池故障灯。BMS 同时能够及时给出故障电池所在箱号和箱内位号，方便挑选出有问题的电池，保持整组电池运行的可靠性和高效性。

4. 低温或电量低时限流控制

在动力蓄电池低温或电量过低时，驾驶人若将加速踏板踏下很深，功率元件按大电流工作将会损坏电池，为保护电池，动力电池管理系统计算是否进行限流控制。

5. 上电继电器组控制

在驾驶人踩下制动踏板，并按下一键启动开关后，若无故障码存在，电池管理系统会控制上电继电器组的线圈电路工作，从而接通动力蓄电池与变频器、空调压缩机、PTC 加热器的电路。

6. 车载充电机充电电压控制

在进行交流充电时，电池管理系统根据监测电池所得数据判断当下最好的充电电压是多少，并将这个电压告知车载充电机控制器，车载充电机控制器控制直流充电模块组输出这个最好的充电电压给动力蓄电池充电。当电池有故障时通过充电引导（Charging Pilot，CP）通信告知交流供电桩控制器停止供电。

7. 直流充电桩充电电压控制

在进行直流充电时，电池管理系统根据监测电池所得数据判断当下最好的充电电压是多少，并将这个电压告知直流充电桩控制器，直流充电桩控制器控制直流充电模块组输出这个最好的充电电压给动力蓄电池充电。当电池有故障时通过 CAN 通信告知直流充电桩控制器停止充电。

8. 直流充电继电器组控制

在进行直流充电时，电池管理系统控制高压配电箱内部的直流充电继电器组工作。

9. 电池箱内部温度平衡控制

电池箱内部布置多个采样点，当发现温度过高时，BMS 启动鼓风机电机进行通风冷却。有的电动汽车电池箱内设置有专门的冷却器对电池箱内的空气进行冷却，冷却介质可以是冷却液，也可以是空调的制冷剂，电池管理系统会打开一个电磁阀阀门将冷却液或制冷剂引入冷却器中。

10. 绝缘检测

电池管理系统通过外置或内置的绝缘检测电路对动力蓄电池的正极对车身、负极对车身的电阻进行实时监测，发现绝缘电阻低于 500Ω/V 时点亮动力蓄电池绝缘警告灯，进行低级别的报警；发现绝缘电阻低于 300Ω/V 时点亮动力蓄电池绝缘警告灯，进行中级别的报警；发现绝缘电阻低于 100Ω/V 时点亮动力蓄电池绝缘警告灯，进行高级别的报警。

五、输入和输出的对应关系

BMS 的主要任务和输入输出见表 2-2。

表 2-2 BMS 的主要任务和输入输出

BMS 的主要任务	输入的信号	执行部件
电压不一致监控	单体电压值	动力蓄电池故障灯
电池组件电压平衡	电池电压和温度	电压平衡电路
内阻不一致监控	单体电池内阻值	动力蓄电池故障灯
低温或电量低时限流控制	电池电压、电流、温度	通知功率元件进行限流降功率
上电继电器组控制	制动信号和一键启动开关信号	上电继电器组
直流充电继电器组控制	直流充电枪 CAN 信号	直流充电继电器组
车载充电机充电电压控制	电池电压、电流、温度	充电机充电电流
直流充电桩充电电压控制	电池电压、电流、温度	充电机充电电流
电池箱内部温度平衡控制	电池温度	● 电池箱内制冷装置电磁阀阀门 ● 电池箱内制热装置电磁阀阀门 ● 鼓风机电机转速控制
SOC 计算	电池电压、电流、温度	● 仪表 SOC 显示 ● 仪表剩余行驶里程计算
绝缘检测	电池电压、电流	● 动力蓄电池绝缘警告灯 ● 动力蓄电池故障灯

知识点 02 电池管理系统技术认知

电池管理系统主要执行以下工作：电压、电流与温度测量；计算电池剩余电量（SOC）；计算电池放电深度（DOD）；计算最大允许放电电流；计算最大允许充电电流；预测蓄电池寿命指数和电池健康状态（SOH）；故障诊断。

一、SOC 的估算方法

传统的 SOC 估算方法有安时法、开路电压法和直流内阻法等。近年来又相继研发出许多对电池 SOC 进行估算的新型算法。各种智能算法和新型算法不够成熟，有些复杂算法在单片机系统上难以实现。为了更准确估算 SOC，在算法中还需要考虑对电池的温度补偿、自放电和老化等多方面因素，这也加大了算法的复杂程度。目前国内实际应用的实时在线估算 SOC 的方法大多采用以电流积分为主，加上不同的电压修正的方式（开路电压法、零负载电压法），但是测量精度还达不到很好的效果。

1. 安时法

安时法（电流积分）是目前唯一可以精确计算电池组 SOC 的方法。计算时要求标定 SOC 初始值，需要精确计算充电效率或放电倍率，需要以恒电流对电池组进行充放电，且必须将电池组彻底放电，存在累计误差。

2. 开路电压法

开路电压法（OCV）是指电池在充分静置之后测得的开路电压值。计算 SOC 时正相关性容易受温度、静止时间等因素的影响。

技术指导　实际汽车的 SOC 计算中，先在点火开关打开时采用开路电压法计算 SOC 初始值，然后采用安时法计算动态增加或减少的电量值，最终确定 SOC 的准确值。

3. 直流内阻法

直流内阻在 SOC 处于 50% 以下时，呈负相关性，当 SOC 处于 50%~80% 之间时不适用。直流内阻很小，准确测量困难，且受其他很多非线性因素的影响。

电池电解液有效质量法适合铅酸电池，不适合镍氢和锂电池；其他方法还有零负载电压法、放电法、电化学分析法、线性模型法。

二、动力蓄电池组的安全管理

1. 电池、人身及车辆安全保护

电池管理系统要承担动力蓄电池组的全面管理，一方面要保证动力蓄电池组的正常运作，显示动力蓄电池组的动态信息，并能及时报警，使驾驶人随时都能掌握动力蓄电池组的情况；另一方面要对人身和车辆安全进行保护，避免因电池引起的各种事故。

2. 可靠的防护

电池与电池、电池组与电池组之间需要用高压电缆连接。当动力蓄电池组的总电压较高或采用高压直流输出时，高压电缆的截面积比较小，有利于电线束的连接和固定，但高电压要求有更可靠的防护。

3. 可靠的绝缘

当动力蓄电池组的总电压较低时，电流比较大，高压电缆的截面积则比较粗，但高压电缆很硬，不能随意形变，安装较不方便。各个电池箱之间还需要用高压电缆串联起来，一般在最后输出一箱中加装手动或自动断电器，以便在安装、拆卸和检修时切断电流。另外，在电池箱中还有各种传感器线束，因此在汽车上有尺寸很长的各种各样的电线束，要求电线之间有可靠的绝缘，并能快速进行连接。

4. 有效的隔离措施

动力蓄电池组的总电压可以达到 90~400V，高电压对人体会造成危害，应采取有效的隔离措施。一般是将动力蓄电池组与车辆的乘坐区分离，将动力蓄电池组布置在地板下面或车架的两侧。

5. 意外突发情况处理

在正常的情况下，车辆停止使用时，通常会自动切断电源，只有在汽车启动时才接通电源。

当汽车发生碰撞或倾覆时，电池管理系统应能立即切断电源，防止高压电引起的人身事故和火灾，并防止电解液造成的伤害，以保证人身安全。

6. 电池自身的安全问题

电池自身存在安全问题，尤其是锂离子电池在过充电时会着火甚至爆炸，因此电池使用的安全问题是国内外各大汽车公司和科研机构当前所面临和必须解决的难题，它直接影响电动汽车是否能够普及应用。BMS 在安全方面主要侧重于对电池的保护，以及防止高电压和高电流的泄漏，其所必备的功能有过电压和过电流控制、过放电控制、防止温度过高、在发生碰撞的情况下切断电池。这些功能可以与电气控制、热管理系统相结合来完成。许多系统都专门增加了电池保护电路和电池保护芯片。安全管理系统最重要的是及时准确地掌握电池各项状态信息，在异常状态出现时及时发出报警信号或断开电路，防止意外事故的发生。

三、电池箱热管理系统

1. 对高温的管理

汽车上使用的动力蓄电池组在工作时都会有发热现象，不同蓄电池的发热程度各不相同。

1）镍氢电池：在夏季采用自然通风即可满足电池组的散热要求。

2）锂离子电池：必须采取空调进行强制电池冷却，才能保证电池组正常工作，并延长蓄电池的寿命。

2. 对低温的管理

1）镍氢电池：目前国内没有对镍氢电池进行低温管理，即镍氢电池能满足我国北方的使用需求，不用特意去管理。

2）锂离子电池：必须采取空调进行强制电池加热，才能保证电池组正常工作，并延长蓄电池的寿命。

3. 合理温度范围内的温度差异管理

电池在上限高温和下限低温之间都可正常工作，但仍需要尽量降低各个电池模块之间的温度差异。为保证尽量温度一致，需要对每个处于不同位置的电池进行流体力学分析，保证通风管道布置，电池箱壳体形状要有利于温度一致。

4. 余热的综合利用

蓄电池工作时的温度较高，可以充分利用其产生的热量用于北方的冬季取暖和风窗玻璃除霜等，使热量得到管理与应用，应用车型比如中国一汽红旗 E-QM5 热泵式空调款。

四、电池组均衡方法

有别于单体电池，电池组单体之间的性能差异在其整个生命周期里不可避免地会存在，如不采取技术措施，单体电池在充放电过程中的不一致会导致单体电池由于过充电、过放电而提前失效。要想避免单体电池由于过充电、过放电导致提前失效，使电池组的性能指标达到或者接近单体电池的水平，必须对电池组中单体电池进行均衡控制。

避免电池组内部各单体电池放电时性能恶化，采用简单的控制电路就可做到，但充电时避免电池组内部各单体电池性能恶化却有较大难度，这使充电均衡成为电池组均衡的一个主要问题。

均衡控制方法有三种，分别是充电均衡、充放电联合均衡和动态均衡。

1. 充电均衡

对电压低的单体电池进行充电以达到平衡，一个容量及放电功率平衡设计良好的系统中，只要充电均衡控制到位，最差的单体电池的性能也能达到出厂指标。

2. 充放电联合均衡

如果充电均衡控制不能到位，充放电联合均衡就变得非常重要，在这一情况下，总均衡量是充放电均衡量相加和，但这种方式对电池非常不利，因为充电时仍有可能出现过充电。

放电均衡是使电池包放电时，其放出能量为所有电池能量的平均和。放电均衡不能解决单体电池组合成电池包后性能恶化的问题。

3. 动态均衡

动态均衡是在锂电池的使用和闲置全程中进行的充放电均衡。它可以通过延长均衡的时间来解决充放电均衡量不够所产生的问题。在动态均衡下，因为电池每时每刻都在细微均衡，故在充电和放电时所需要的均衡量大幅下降。

五、电池均衡技术

为了克服电池不一致带来的严重影响，在电池使用中，人们提出了对电池进行均衡的要求。为此，近十几年来，许多电池管理系统（BMS）的研发者，采用了各种各样的方法来进行电池的均衡，归纳起来有以下几种方法：分流法（旁路法）、切断法和并联法。

1. 分流法

分流法（旁路法）即在充电时，当某一电池的充电电压超过设定值时，通过并联在该电池的电阻分流该电池的一部分电流，从而达到降低该电池充电电压的目的。这种方案结构复杂、体积大、分流时发热量大、通用性差。此种分流方法，未必非要在电池过电压后才开始分流，可以在电压比平均电压高时就开始分流平衡。

2. 切断法

切断法即在充电时，当某一电池的充电电压超过设定值时，通过自动控制开关切断该电池的电路，同时闭合旁路开关，电流绕过这块电池，继续向下一块电池充电。切断法开关个数是电池数目的2倍。切断法需要充电器配合，要求充电器能够动态适应1个电芯到全部电芯充电的能力，且在切换电池后能够动态地调整充电电压、充电电流，实现恒流、恒压充电以及浮充等，对充电器的要求比较高。

3. 并联法

并联法就是把电池按先并后串的连接方式使用。电池并联后，无法测量各单体电池的电压，因而就无法实施对电池组中各单体电池的监控。可见，用并联法是无法实现电池组电池的均衡效果的。

六、电池管理系统的故障诊断

故障诊断功能是BMS的重要功能。故障诊断可以在动力蓄电池组工作过程中，实时掌握电池的各种状态，甚至在停机状态下也能诊断动力蓄电池系统的各个部分（包括电池模块）。

故障级别分为一般故障、警告故障和严重故障。

BMS根据故障的级别将电池状态归纳成尽快维修、立即维修和电池寿命警告三类信息，并传递到仪表板以警示驾驶人，从而保护电池不被过分使用。

1. 启动过程BMS对硬件的故障诊断

1）传感器信号的合理性诊断。
2）电池组电压信号的合理性诊断。
3）启动过程电流信号的合理性诊断。
4）启动过程温度信号的合理性诊断。

2. 行车过程的 BMS 诊断

1）对电压、电流和温度传感器进行诊断。
2）电池组电压一致性故障诊断。
3）电池组充电过程的过电流、过充电、充电电压变化率过大的故障诊断。
4）电池组放电过程的过电流、过放电、放电电压变化率过大的故障诊断。
5）通信系统故障诊断。
6）鼓风机故障诊断。
7）高压电控制故障诊断。

3. 故障诊断的处理

1）分三种不同级别进行。
2）通过 CAN 总线送至仪表和汽车管理系统。
3）故障诊断结果参与电池实际工作电流的控制。
4）进行高压上下电控制。

知识点 03　总线上的电池管理数据的传递

一、电池电量显示控制

图 2-3 所示为电池电量显示控制过程，其原理如下。

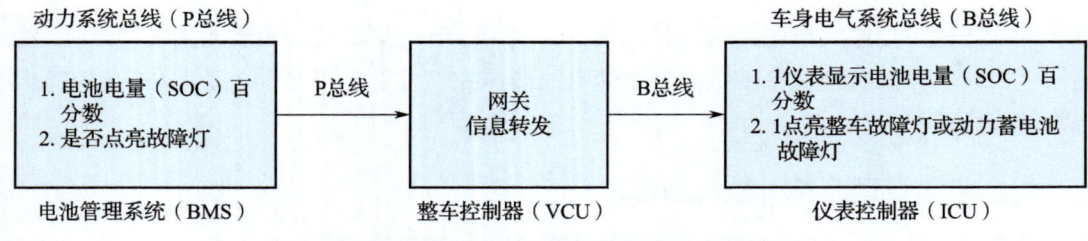

图 2-3　电池电量显示控制过程

步骤 1　电池管理系统（BMS）通过电池组的总电压和动态电流的时间积分算出电池电量（SOC）百分数，电池电量（SOC）信息经车身电气系统总线（B 总线）转发给仪表控制器（ICU），执行步骤 1.1 仪表显示电池电量（SOC）百分数。

步骤 2　若 BMS 存有故障码，则信息经车身电气系统总线（B 总线）转发给仪表控制器（ICU），执行步骤 2.1 点亮整车故障灯或动力蓄电池故障灯。

二、充电电压控制

图 2-4 所示为充电电压控制过程，其原理如下。

步骤 1　电池管理系统（BMS）发送充电电压控制目标值，车载充电机控制器（OBC）执行步骤 1.1 按充电电压控制目标值进行换流元件驱动。

步骤 2　电池电量达上限无故障停止充电时，执行步骤 2.1 停止换流元件驱动。

步骤 3　电池有故障停止充电时，执行步骤 3.1 停止换流元件驱动。

步骤 4　若 BMS 存有故障码则点亮动力蓄电池故障灯。整车控制器（VCU）执行步骤 4.1 将点亮动力蓄电池故障灯信息发送给仪表，仪表控制器（ICU）执行步骤 4.2 点亮动力蓄电池故障灯。

步骤 5　诊断充电机是否有故障，是，向外发送点亮整车故障灯信息给整车控制器（VCU），整车控制器（VCU）向仪表控制器（ICU）发送点亮整车故障灯信息（步骤 5.1），点亮整车故障灯或动力蓄电池故障灯（步骤 5.2）。

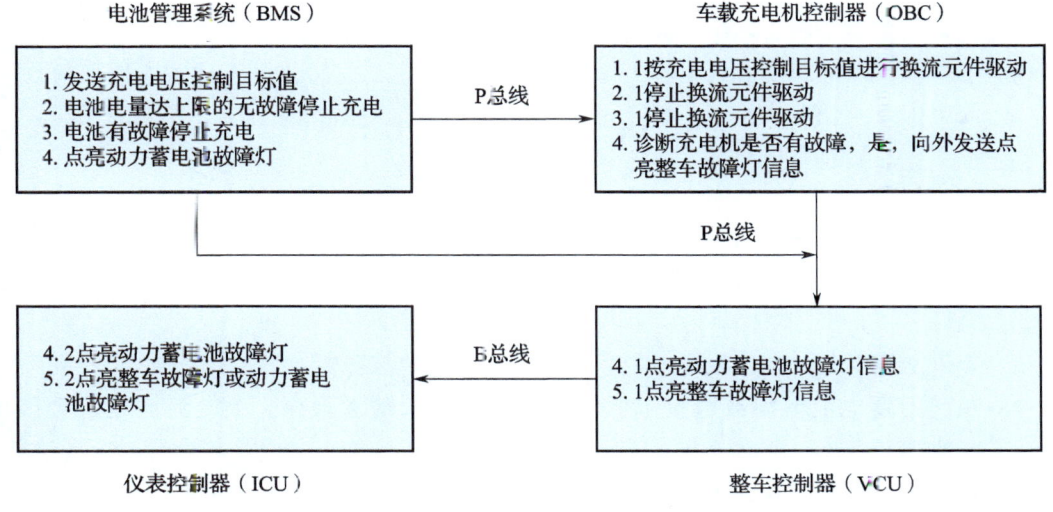

图 2-4　充电电压控制过程

能力模块二　动力蓄电池管理系统功能和技术认知

学习任务单		
动力蓄电池管理系统功能和技术认知	学　号	姓　名

一、填空题

1. 电池管理系统（BMS）是_____的缩写。
2. 电池的荷电状态（SOC）是_____的缩写。
3. 电池的健康状态（SOH）是_____的缩写。
4. 电池的剩余能量状态（SOE）是_____的缩写。
5. 充电引导（CP）是_____的缩写。

二、判断题

1. BMS 将估算的剩余电量显示出来或换算成可行驶里程。（　　）
2. BMS 监控单体电压值中的最高和最低值，如果超过限制值，点亮动力蓄电池故障灯。（　　）
3. 如果发现电池之间内阻不一致，点亮动力蓄电池故障灯。（　　）
4. 在动力蓄电池低温或电量过低时，若加速踏板踏下很深，大电流放电将会损坏电池。（　　）
5. 在进行交流充电时，BMS 根据监测电池所得数据判断当下最好的充电电压是多少。（　　）

三、单选题

1. 在进行直流充电时，电池管理系统控制高压配电箱内部的（　　）工作。
   A. 一个直流充电继电器　　　　　　B. 两个直流充电继电器
   C. 三个直流充电继电器　　　　　　D. 四个直流充电继电器
2. 镍氢电池箱内部布置多个采样点，发现温度过高时，启动（　　）进行通风冷却。
   A. 鼓风机　　　B. 风扇　　　C. 水泵　　　D. 制冷电磁阀
3. 电池管理系统通过外置或内置的绝缘检测电路对动力蓄电池的（　　）电阻进行实时监测。
   A. 正极对车身　　　　　　　　　　B. 负极对车身
   C. 正极对车身、负极对车身　　　　D. 正、负极之间
4. 发现绝缘电阻低于（　　）时点亮动力蓄电池绝缘警告灯，进行低级别的报警。
   A. 200Ω/V　　　B. 300Ω/V　　　C. 400Ω/V　　　D. 500Ω/V
5. 发现绝缘电阻低于（　　）时点亮动力蓄电池绝缘警告灯，进行高级别的报警。
   A. 100Ω/V　　　B. 300Ω/V　　　C. 400Ω/V　　　D. 500Ω/V

实践任务
电池管理数据的读取

一、小组分工

按照前面所了解的知识内容,落实各项工作负责人(表 2-3),如任务实施前的准备工作、实施中主要操作及协助支持工作、实施过程中相关要点及数据的记录工作等。

表 2-3 工作任务分配

班级		组号		指导老师	
组长		学号			
组员角色分配					
操作员 1		学号			
操作员 2		学号			
记录员		学号			
安全员		学号			
任务分工					
(就组织讨论、工具准备、数据采集、数据记录、安全监督、成果展示等工作内容进行任务分工)					

二、维修方案合理性评估和纠正

教师提供资料或操作视频进行提示，以帮助学生完成主要工作步骤的填写（表2-4）。教师评估通过后，方可进行具体操作实施。学生可先行在草纸上进行，任务实施中若有改变需经教师再次评估，以确认安全和可行。

表 2-4 主要工作步骤的填写用表

内容	序号	为解决问题的主要操作步骤（不含准备及5S）	通过/不通过
学生完成	1	例：打开点火开关观察故障现象	
	2	例：关闭点火开关	
	3	例：连接诊断仪	
	4	例：再次打开点火开关	
	5	例：进入诊断仪的电池管理系统	
	6		
	7		
	8		
教师完成	1	安全可行	
	2	步骤可行	
	3	时间可行	
	4	成本可行	

三、工作准备

小组完成设备和工具准备自检（表2-5）。

表 2-5 设备和工具准备自检表

序号	设备及工具名称	数量	设备及工具是否完好
1	例：车辆	2	□是　□否
2	例：诊断仪	2	□是　□否
3	例：维修手册（随时取）	50	□是　□否
4	例：电路图（随时取）	50	□是　□否
5	例：座垫套、转向盘套、变速杆套、脚垫、翼子板垫	各2套	□是　□否
6	例：工作任务单6份（教师准备）	6份	□是　□否

注：电路图和维修手册的数量要大于一个班级人数。一个班通常分为6组，工单按组发放，三轮实训。

四、过程记录

电池总线数据是指电池管理系统通过总线输入的数据，以及通过总线输出的数据。请小组在表 2-6 内完成电池总线数据名称填写，并确定是电池管理系统的输入还是输出。

表 2-6 电池总线数据的读取

序号	电池总线数据名称	输入/输出判断
1	例：电池温度	输入
2	例：SOC 数据	输出
3		
4		
5		
6		
7		
8		
9		
10		
11		
12		
13		
14		
15		
16		
17		
18		
19		
20		
21		
22		
23		

五、评价反馈

以小组为单位进行自评,并将结果填入表 2-7 中。

表 2-7 小组自评表

班级				组别	
日期				指导教师	
实践任务名称					
全体组员姓名					
评价项目		评价标准		分值	得分
考勤(10%)		小组少 1 人,扣 5 分		10	
工作过程 (60%)	计划制订合理	工作方案合理可行,一次通过不扣分,每多 1 次评估通过扣 5 分		20	
	任务实施	读取操作错误 1 次扣 2 分		20	
		读取判别错误 1 次扣 2 分		10	
		结论不正确,扣 10 分		10	
	工作态度	认真严谨,积极主动,安全生产,文明施工,违反 1 项 1 次扣 1 分		5	
	工作质量	能按照工作方案操作,按计划完成工作任务,未完成扣 3 分		5	
	团队合作	与小组成员、同学之间能合作交流,协调工作,违反 1 项 1 次扣 1 分		5	
项目成果 (30%)	工作完整	不能按时完成工作任务的所有环节,扣 5 分		5	
	工作规范	在整个操作过程中出现不规范操作,违反 1 项 1 次扣 1 分		5	
	汇报展示	能准确表达、汇报工作成果,差一级减 1 分		5	
合计				100	
总结与反思					
(如:学习过程中遇到什么问题→如何解决的/解决不了的原因→心得体会)					

Module 03

能力模块三
高压配电箱原理认知与诊断

情境导入

一辆 2014 年 5 月出厂的比亚迪纯电动汽车,出现了无法上电故障,经比亚迪服务技师诊断为上电预充失败。

如果你是接车的修理技术人员,修理方案应如何制定。

学习目标

能力目标

- 能画出吉利纯电动汽车电池箱中继电器组的工作原理图。
- 能画出比亚迪纯电动汽车高压配电箱中的继电器工作原理图。
- 能在带电测量高压配电箱前进行正确的防护。
- 能带电测量高压配电箱诊断高压配电箱中的配电故障。
- 能更换纯电动汽车高压配电箱中的继电器、熔丝或电流传感器。

素养目标

- 具有正确的操作安全意识。
- 具有资料查询与计划制订能力。
- 具有良好的团队协作精神和较强的组织沟通能力。
- 具备良好的职业道德,尊重他人劳动。

知识储备

知识点 01　吉利高压配电箱原理认知与诊断

一、高压电路组成及功能

图 3-1 所示为吉利车系高压电路（EV300/EV350/EV450 相同）元件示意图，高压电路元件组成及功能如下。

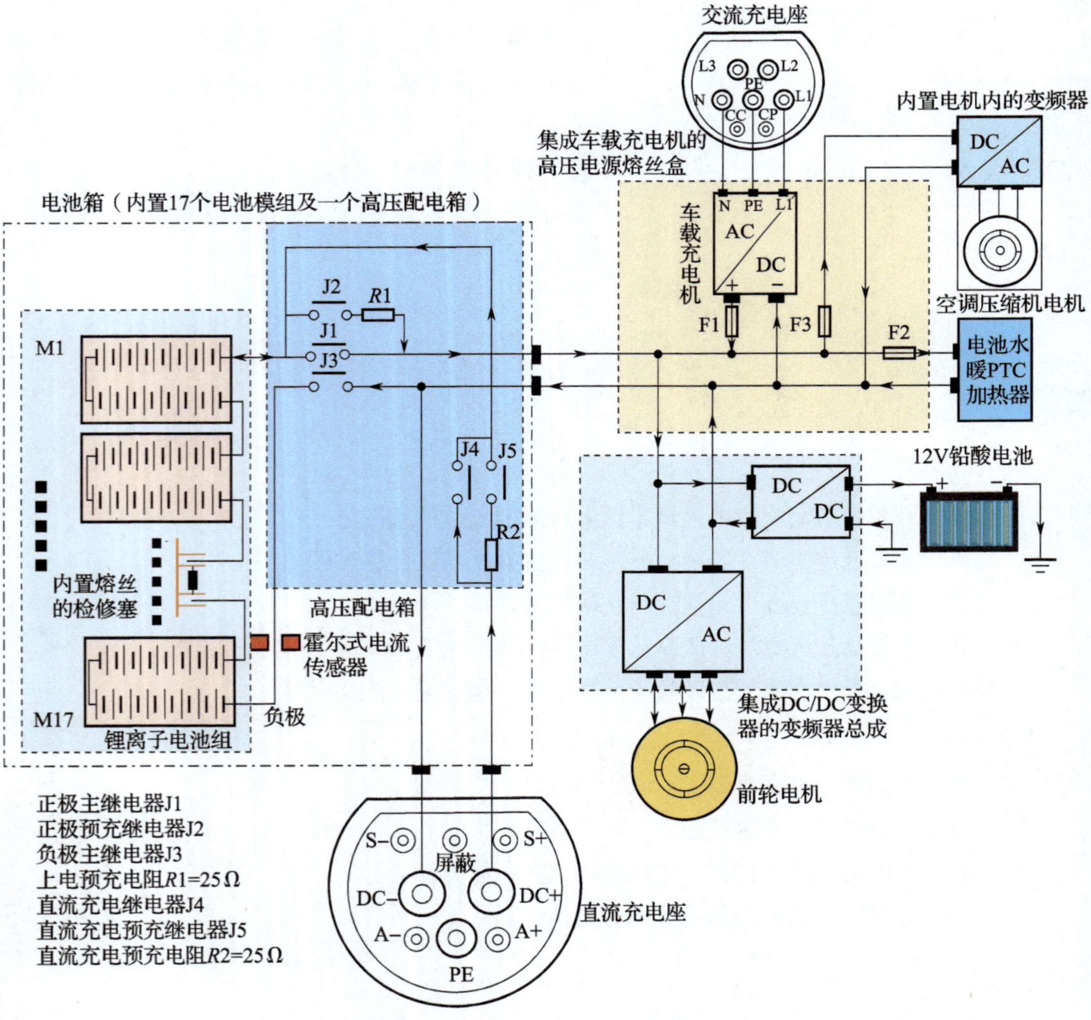

正极主继电器J1
正极预充继电器J2
负极主继电器J3
上电预充电阻R1=25Ω
直流充电继电器J4
直流充电预充继电器J5
直流充电预充电阻R2=25Ω

图 3-1　吉利车系高压电路原理图

1. 锂离子电池箱

锂离子电池位于车底下部，电池箱整体密封。电池箱内的电池组模块之间采用串联方式，一些车型会在电池组的中间安装一个检修塞，检修塞的作用是在检修作业时能实现可靠高压断电。检修塞内置有一个熔丝作为最后一道过电流防护。

电池箱内高压配电箱有 5 个高压继电器（J1、J2、J3、J4、J5）。锂离子电池对外放电时通过主正继电器 J1、预充继电器 J2 和主负继电器 J3 构成回路。具体工作过程是预充继电器 J2 和主负继电器 J3 完成高压元件中电容的预充电过程，几十毫秒后，主正继电器 J1 再闭合工作，预充继电器 J2 退出工作。这样设计的原因是电容在通直流电的瞬间实质上是短路状态，造成线路电流过大，继电器触点易损坏，同时线路也存在损坏的可能。将一个几十欧的电阻（比如 20Ω）串联到电路中，这样线路电流最多 20A，这个电流下继电器触点闭合是安全的。

直流充电继电器 J4 和直流充电预充继电器 J5 外接直流充电桩，通过 DC+ 对电池进行充电，设计继电器的目的是实现充电口隔离。

2. 交流充电过程

交流电 220V 经 L、N 进入车载充电机（AC/DC）变换成动力蓄电池的充电电压，经 F1 熔丝、主正继电器 J1、预充继电器 J2、动力蓄电池和主负继电器 J3 构成回路。

汽车变频器总成内置一个带有 12V 电压输出功能的 DC/DC 变换器，输出 14V 电压给标称 12V 的铅酸电池充电。PTC 暖风和电池共用的加热器由 F2 熔丝供电，暖风功率大小由其内部的电子开关进行控制。电动空调压缩机由 F3 熔丝供电，经压缩机内自带的变频器换流为三相交流电给电机供电。

二、高压上电工作原理

吉利车系高压配电箱的原理参考图 3-1 所示。

主供电工作原理：踩下制动踏板，按下供电开关，可听见电池箱内继电器 J2 及 J3 开关闭合的"咔嗒"声音。此时主负继电器和预充继电器开关同时闭合工作，大约几十毫秒，汽车变频器内电容被预充继电器电阻充电完成。这时主正继电器开关再次闭合工作，此时预充继电器开关断开退出工作。注意主供电电流是由左侧的锂离子电池向右侧的电子功率单元（PDU）。

"快充+、快充-"外接带有熔丝和车载充电机的电子功率单元。快充电流是从右侧的电子功率单元向左侧的锂离子电池供电。由于动力蓄电池本身也是一个大的电容，在充电时采用了主负继电器和直流充电预充继电器来防止充电机开始工作，充电机控制部分未进行电流控制时造成回路的电流过大。当充电电流被充电机控制后，直流充电继电器开关闭合工作，此时直流充电预充继电器退出工作。

当然，充电机控制器若能在快充电时及时起作用，直流充电预充继电器是可以取消的。

三、高压继电器触点监控

早期生产的电动汽车中加装的检修塞有两个功能:一是利用检修塞内置的一个白银直流熔丝实现终极的过电流防护;二是能在检修时实现安全下电。

那么为什么 2017 年以后生产的新款电动汽车取消了检修塞呢?原因就是上电继电器组增加了继电器触点监测功能。高压继电器触点监控的优点是节省了一个检修塞,缺点是在上电继电器开关虚接焊在一起时只能报警,不能人为强行执行下电操作,不过正极和负极两端的两个继电器开关同时虚接焊在一起的可能性很小。在一个虚接报警时,另一个继电器仍能执行下电动作。

如图 3-2 所示,电池管理系统 ECU 上部有 6 条红色包线管用于监测继电器开关;图 3-3 所示为接于继电器开关两端的继电器监测线束。

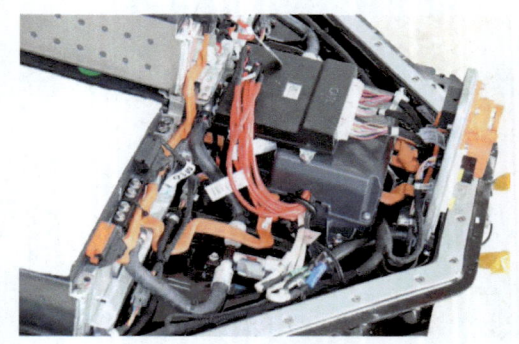

图 3-2　继电器触点开关监测

图 3-3　继电器开关两端的继电器监测线束

四、电池箱的输入/输出接口

图 3-4 所示为电池箱的输入/输出接口,其功能如下。

1)"总正 +、总负 -"端口接变频器(PDU)。

2)"快充 +、快充 -"端口接快速充电口"DC+、DC-"。

3)整车通信 12P-A(12P 即 12 针引脚)和整车通信 12P-B 外接低压供电电源、总线、整车控制器和车载充电机等。

图 3-4　电池箱的输入/输出接口

知识点 02　比亚迪电动汽车高压电路原理认知与诊断

一、典型车型简介

比亚迪 E5 和 E6 是两款保有量较大的电动汽车，本节以 E5 为例介绍。比亚迪 E5 为前轮驱动汽车，其动力蓄电池额定总电压为 653.4V，储电量为 42.47kW·h。电机转速在 0~4775r/min 之间输出额定转矩 160N·m；电机转速在 0~4929r/min 之间最大输出转矩为 310N·m；电机转速在 4775~12000r/min 之间时额定功率为 80kW；电机转速在 4929~12000r/min 之间时最大输出功率为 160kW；电机最大输出转速为 12000r/min。

电机动力总成总重量为 103kg，采用固定速比的减速器，总减速比 9.342。一级传动比为 3.158；二减速传动比为 2.958；变速器润滑油量为 1.8L；变速器润滑油类型为 SAE80W-90（冬季环境温度低于 -15℃地区推荐换用 SAE75W-90）。

二、高压电路作用

图 3-5 所示为比亚迪 E5 高压元件的电路。

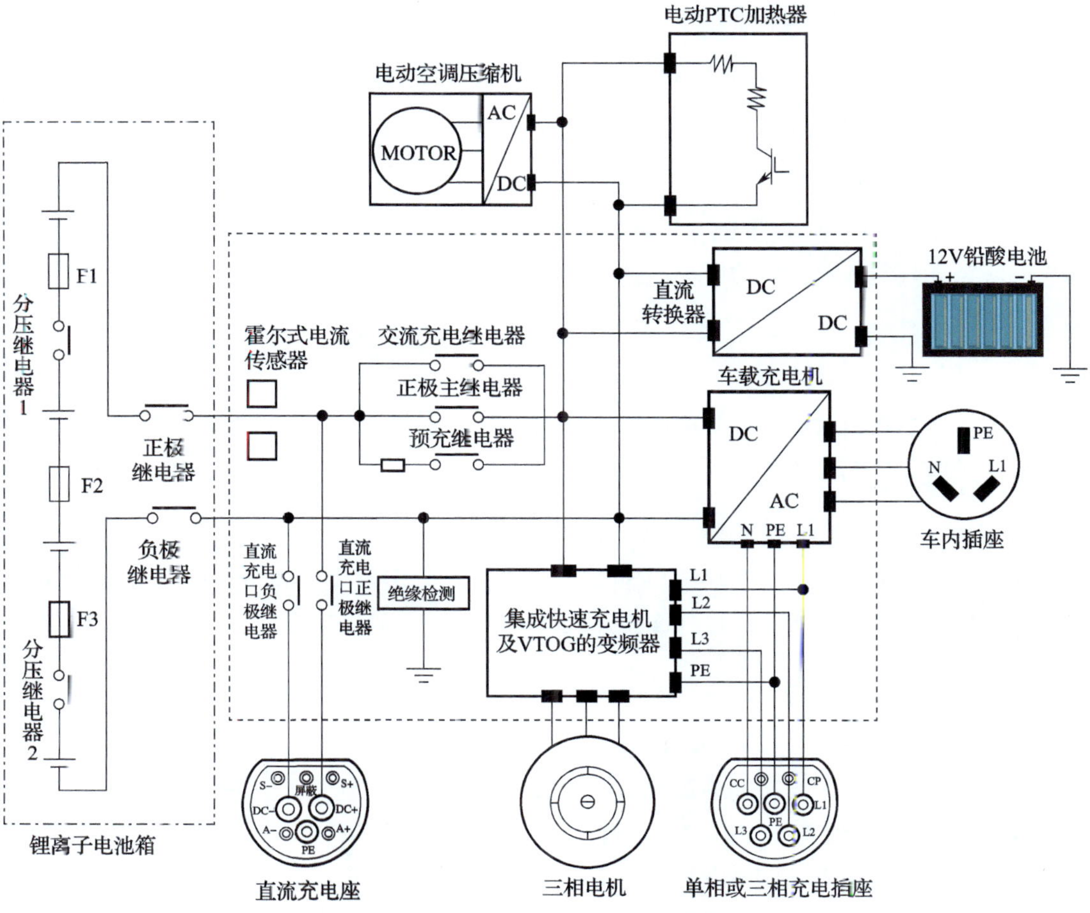

图 3-5　比亚迪 E5 高压元件的电路

1. 高压配电箱

高压配电箱（High Voltage Distribution Box，HVDB）位于机舱内，它的作用是为电动汽车的驱动电机变频器供电，变频器将高压直流电逆变为三相交流电，为传统的电气元件供电。

2. 空调压缩机

变频空调压缩机内的变频器将高压直流电逆变为交流电给电动空调电机的定子线圈供电，电机转子带动涡旋式空调压缩机吸入低温、气态制冷剂，排出高温、液压制冷剂。

3. PTC 加热器

PTC 加热器为电动汽车空调蒸发箱内的高压电加热元件。高压电加热元件为正温度系数（PTC）元件，随温度提高电阻增大，电流得以自动限制，防止了过热。

4. 直流/直流变换器

直流/直流变换器简称 DC/DC 变换器，作用是将电池箱电压降为 14V 为 12V 铅酸电池充电。

5. 直流充电口继电器

在不充电时，直流充电口正极和负极继电器都断开，可防止人员（特别是小孩）因意外接触直流充电口遭到电击伤害。

6. 交流充电继电器

单相交流电 L1、N 的电能经车载充电机给动力蓄电池充电或三相交流电 L1、L2、L3 的电能流经变频器内部的快速充电机给动力蓄电池充电时，经交流充电继电器接通动力蓄电池的正极。

7. 分压继电器

在需要电池箱内的电池组与电池组之间断开时（比如：在打开电池箱后需要在较安全的电压下操作），分压继电器提供了自动断开功能。

8. 熔丝

电池组内部的熔丝可在拆开电池箱时出现电池组外部通过壳体短路的情况提供保护，同时在变频器控制失效或电池包外部正、负线路间短路时起保护作用。

三、高压上电流程

比亚迪 E5 高压电路上电流程参考图 3-5。

驾驶人操作供电开关和制动踏板给电源管理控制器提供驾驶人意图信号，由电源管理控制器控制 IG 继电器工作，同时向电池管理系统发送启动信号，电池管理系统控制负极继电器和预充继电器先工作给变频器内的电容器充电，同时电机变频器检测电容两端的上升电压，当电压接近动力蓄电池电压时，电机的变频器控制器向电池管理系统发送预充满的信息，这时正极主继电器的开关闭合工作，然后预充继电器开关断开，退出工作。高压配电箱上电完成后，仪表点亮"OK"灯，向驾驶人指示上电完成。

🔧 技能点　高压配电箱带电测量安全与参考点选取

一、带电测量高压配电箱

电动汽车的高压部分具有一定的危险性，但过分强调高压危险性，给人造成的心理压力远超过其实际的危险性，在这里要说明的是电动汽车实际上是很安全的。

技师指导　上边的话，不是说电动汽车不具危险性，而是要大家正确看待危险水平。

在高压配电箱上进行高压带电测量作业具有危险性，一定要按安全操作规程，两人中一人操作，一人看护，看护人要提醒错误操作，并准备意外事故的处理。

电动汽车为什么要带电测量高压配电箱？高压配电箱相当于传统汽车的熔丝和继电器盒，传统汽车电路经常需在熔丝和继电器盒上带电测量。同样，在高压配电箱内部有上电继电器组、高压直流熔丝和电流传感器等，高压网络上的元件供电都可通过高压配电箱测量，这种测量带电测量才更有效。因为带电测量不仅能测量元件，也能测量线束。

举个简单的例子：系统检测到上电预充时间过长，即预充继电器给电容充电时间过长，可以用示波器测量预充继电器开始工作给电容充电到供电主继电器闭合的时间间隔，从而发现故障的原因所在。这种故障在下电的情况下用万用表电阻档测量是做不到的。高压熔丝的测量，也是带电测量更方便，并且结果更准确。

二、高压配电箱组装要点

1）开盖后的高压配电箱容易造成异物侵入，比如铁屑、尘土和水汽等，所以开盖前要清理好工作现场。

2）绝对禁止带电测量时工具掉落到高压配电箱内，这时将造成极严重的短路。

3）绝对禁止无高压防护的人员在高压配电箱上带电测量。

4）绝对禁止无汽车高压产品培训合格资格的人员在高压配电箱上带电测量。

5）若有拆卸作业，一定要在拆卸前进行拍照。注意：要拍到关键易错的点，也可用漆笔先做记号。

6）工作人员要有边工作边思考的思维模式，不可大量随意拆卸，应有目的地进行小范围拆卸。

7）工作人员要有原位安装的意识，不可随意调换似乎相同的元件。

8）严格按照厂家要求校准力矩，并用漆笔做记号，防止因螺栓未拧到位，导致拧紧力矩不足产生接触电阻。

9）一定要防止某个螺栓的拧紧力矩过大，造成接线柱和元件内部断开或产生新的接触电阻。

10）可通过闻、看、听初步了解配电箱的内部情况，形成一个初步判断。

三、高压带电测量注意事项

由于是在动力蓄电池供电网络带电的情况下进行测量，一定穿戴好图3-6所示安全防护用品。

护目镜（应急时也可用眼镜替代）可有效防止电火花飞溅伤到眼角膜，绝缘手套可避免意外出现手与供电网络不同极性的两部分金属同时连通构成回路。这种情况造成的伤害是极大的，一定要避免。

另外，在出现绝缘报警的情况下，0级绝缘手套（见图3-7）可避免意外出现手与供电网络某一极性的金属连通构成回路。这种情况造成的伤害同样是极大的，一定要避免。

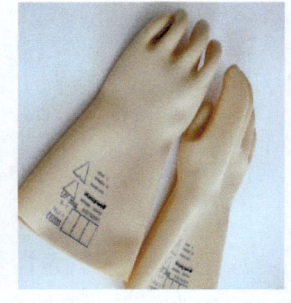

图3-6 戴护目镜　　图3-7 戴绝缘手套

四、低压参考点的选取

在低压12V铅酸电池供电网络上，通常取蓄电池负极（图3-8）或车身（图3-9）作为测量的参考点，图中用试灯或万用表均可。

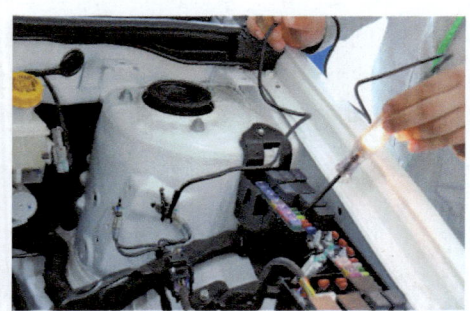

图3-8 以蓄电池负极为参考点　　图3-9 以车身金属为参考点

在动力蓄电池供电网络上，通常取动力蓄电池负极（图3-10）作为测量的参考点。注意：动力蓄电池供电网络不再以车身作为参考点。如图3-11所示，以车身为参考点测量到的电压为绝缘检测用电压，与动力蓄电池的直流供电网络没有实质性关系。

图3-10 以动力蓄电池负极为参考点　　图3-11 错以车身金属为参考点时测得的是绝缘检测用电压

五、高压直流熔丝测量

万用表黑表笔与动力蓄电池的负极相接触（图3-12），万用表红表笔与熔丝的一端接触，读出动力蓄电池电压；万用表红表笔与熔丝的另一端接触（图3-13），读出动力蓄电池电压。两次测量时都为动力蓄电池电压则说明熔丝正常，如果一次为动力蓄电池电压，另一次为零或数值低于动力蓄电池电压说明熔丝断开或有虚焊。

若熔丝断开说明其下游有短路或过载。通常在这种情况下，下游负载元件的软关断失控，内部元件已经烧毁，这时应查找到故障点，在更换元件后，再更换熔丝，不可直接更换熔丝。

图3-12　熔丝一端有动力蓄电池电压

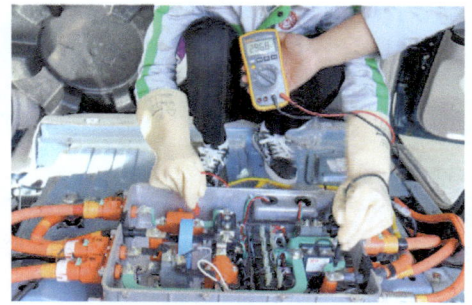
图3-13　熔丝另一端有动力蓄电池电压

六、高压直流继电器测量

用万用表直流电压档测量继电器线圈供电插头之间的电压，若测得为12V铅酸电池电压时，证明线圈有电流流过。再测量动力蓄电池继电器的开关，这时取动力蓄电池负极为参考点测量继电器开关两端的电压是否为动力蓄电池电压（图3-14、图3-15），若有很大差异说明继电器损坏，需要更换。

图3-14　继电器一端有动力蓄电池电压

图3-15　继电器另一端有动力蓄电池电压

能力模块三　高压配电箱原理认知与诊断

学习任务单

| 高压配电箱原理认知与诊断 | 学　号 | 姓　名 |

一、填空题

1. 检修塞内置有一个熔丝作为_____防护。
2. 高压配电箱（HVDB）是_____的缩写。
3. 绝对禁止无_____的人员在高压配电箱上带电测量。
4. 绝对禁止无汽车高压产品培训_____资格的人员在高压配电箱上带电测量。
5. 比亚迪车系，上电完成时仪表显示_____。

二、判断题

1. 螺栓未拧到位，导致拧紧力矩不足产生接触电阻。　　　　　　　　　（　　）
2. 某个螺栓的拧紧力矩过大，造成接线柱和元件内部断开或产生新的接触电阻。
　　　　　　　　　　　　　　　　　　　　　　　　　　　　　　　　（　　）
3. 工作人员要有原位安装的意识，不可随意调换看似相同的元件。　　　（　　）
4. 绝对禁止带电测量时工具掉落到高压配电箱内，这时将造成极严重的短路。
　　　　　　　　　　　　　　　　　　　　　　　　　　　　　　　　（　　）
5. 护目镜（应急时也可用眼镜替代）可有效防止电火花飞溅伤到眼角膜。（　　）

三、单选题

1. 在低压 12V 铅酸电池供电网络上，通常取蓄电池（　　）作为测量的参考点。
   A. 负极　　　　　　　B. 正极
2. 在动力蓄电池供电网络上，通常取（　　）作为测量的参考点。
   A. 动力蓄电池负极　　　　　　　　B. 动力蓄电池正极
   C. 铅酸电池负极　　　　　　　　　D. 车身
3. 动力蓄电池绝缘检测用电压以（　　）作为测量的参考点。
   A. 动力蓄电池负极　　　　　　　　B. 动力蓄电池正极
   C. 铅酸电池负极　　　　　　　　　D. 车身
4. 熔丝断开说明其下游有（　　）。
   A. 断路　　　　B. 短路或过载　　　C. 虚接　　　　D. 开路
5. 取动力蓄电池负极为参考点测量继电器开关两端的电压是否为动力蓄电池电压，若有很大差异说明继电器（　　），需要更换。
   A. 正常　　　　　　　B. 损坏

实践任务
比亚迪高压预充失败的检查与排除

一、小组分工

按照前面所了解的知识内容，落实各项工作负责人（表3-1），如任务实施前的准备工作、实施中主要操作及协助支持工作、实施过程中相关要点及数据的记录工作等。

表3-1 工作任务分配

班级		组号		指导老师	
组长		学号			
组员角色分配					
操作员1		学号			
操作员2		学号			
记录员		学号			
安全员		学号			
任务分工					

（就组织讨论、工具准备、数据采集、数据记录、安全监督、成果展示等工作内容进行任务分工）

二、维修方案合理性评估和纠正

教学提示

教师提供资料或操作视频进行提示，以帮助学生完成主要工作步骤的填写（表3-2）。教师评估通过后，方可进行具体操作实施。学生可先行在草纸上进行。任务实施中若有改变需经教师再次评估，以确认安全和可行。

表 3-2 主要工作步骤的填写用表

内容	序号	为解决问题的主要操作步骤（不含准备及 5S）	通过/不通过
学生完成	1		
	2		
	3		
	4		
	5		
	6		
	7		
	8		
教师完成	1	安全可行	
	2	步骤可行	
	3	时间可行	
	4	成本可行	

三、工作准备

小组完成设备和工具准备自检（表 3-3）。

表 3-3 设备和工具准备自检表

序号	设备及工具名称	数量	设备及工具是否完好
1			□是　□否
2			□是　□否
3			□是　□否
4			□是　□否
5			□是　□否

班级：_____ 姓名：_____ 学号：_____

四、过程记录

小组在表 3-4 内完成比亚迪高压预充失败检查的记录单。

表 3-4 比亚迪高压预充失败检查记录单

比亚迪高压预充失败的检查（有数据记录数据，精确到小数点后两位，要有单位）			
序号	步骤或测量对象	记录	完成情况
1	例如：诊断仪显示的结果，万用表测量的结果		正常☐ 异常☐
2			正常☐ 异常☐
3			正常☐ 异常☐
4			正常☐ 异常☐
5			正常☐ 异常☐
6			正常☐ 异常☐
7			正常☐ 异常☐
8			正常☐ 异常☐
9			正常☐ 异常☐
10			正常☐ 异常☐
11			正常☐ 异常☐
12			正常☐ 异常☐
13			正常☐ 异常☐
14			正常☐ 异常☐
15			正常☐ 异常☐
16			正常☐ 异常☐
最终的故障点			

五、评价反馈

以小组为单位进行自评,并将结果填入表 3-5 中。

表 3-5 小组自评表

班级			组别	
日期			指导教师	
实践任务名称				
全体组员姓名				
评价项目		评价标准	分值	得分
考勤(10%)		小组少 1 人,扣 5 分	10	
工作过程 (60%)	计划制订合理	工作方案合理可行,一次通过不扣分,每多 1 次评估通过扣 5 分	20	
	任务实施	测量操作错误 1 次扣 2 分	20	
		测量判别错误 1 次扣 2 分	10	
		结论不正确,扣 10 分	10	
	工作态度	认真严谨,积极主动,安全生产,文明施工,违反 1 项 1 次扣 1 分	5	
	工作质量	能按照工作方案操作,按计划完成工作任务,未完成扣 3 分	5	
	团队合作	与小组成员、同学之间能合作交流、协调工作,违反 1 项 1 次扣 1 分	5	
项目成果 (30%)	工作完整	不能按时完成工作任务的所有环节,扣 5 分	5	
	工作规范	在整个操作过程中出现不规范操作,违反 1 项 1 次扣 1 分	5	
	汇报展示	能准确表达、汇报工作成果,差一级减 1 分	5	
合计			100	
总结与反思				
(如:学习过程中遇到什么问题→如何解决的/解决不了的原因→心得体会)				

Module 04

能力模块四
电动汽车安全管理认知与故障诊断

情境导入

一辆 2019 年 5 月出厂的吉利 EV450 纯电动汽车，仪表绝缘警告灯点亮，这种情况表示车辆已存在严重的安全隐患。

如果你是接车的修理技术人员，你应该如何制定修理方案。

【安全操作提醒】操作前请老师重新进行高压下电放电的操作复习；绝对不能将正极电路和负极电路通过导线连接起来，这将造成严重的安全事故。

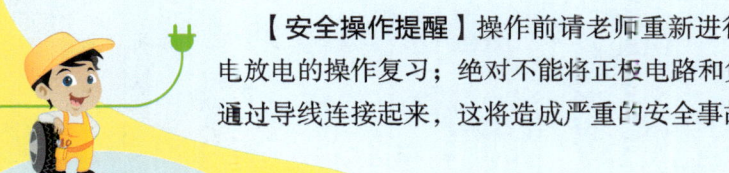

学习目标

能力目标
- 能说出三相交流变压器接地的原因。
- 能说出电动汽车接地保护原理。
- 能说出电动汽车失火施救方法。
- 能带电测量三相交流电，解决简单缺相故障及接地故障。
- 能带电测量单相交流电，解决供电故障及接地故障。
- 能解决电动汽车交流电接地保护不良故障。
- 能说出电动汽车高压安全防护设计有哪些。

素养目标
- 具有良好的团队协作精神和较强的组织沟通能力。
- 具有正确的操作安全意识。
- 具有资料查询与计划制订能力。

知识储备

知识点 01　汽车交流充电安全认知

一、变压器中性点接地

如图 4-1 所示,发电机厂发出的 50Hz 三相交流电经过升压变压器升压为 22kV,再经过降压变压器降压为 380V,形成三相 50Hz 交流电,三条相线 L1、L2、L3 的线间电压为 380V,中性点接出中性线 N。L 和 N 间为 50Hz、220V 单相交流电。为了避免雷击损坏变压器和用电器,需要将变压器的中性点接地。

技师指导　如果没有自然界的雷击变压器的问题,变压器的中性点就不用接地,那么人站在地上触到相线也不会被电击了。

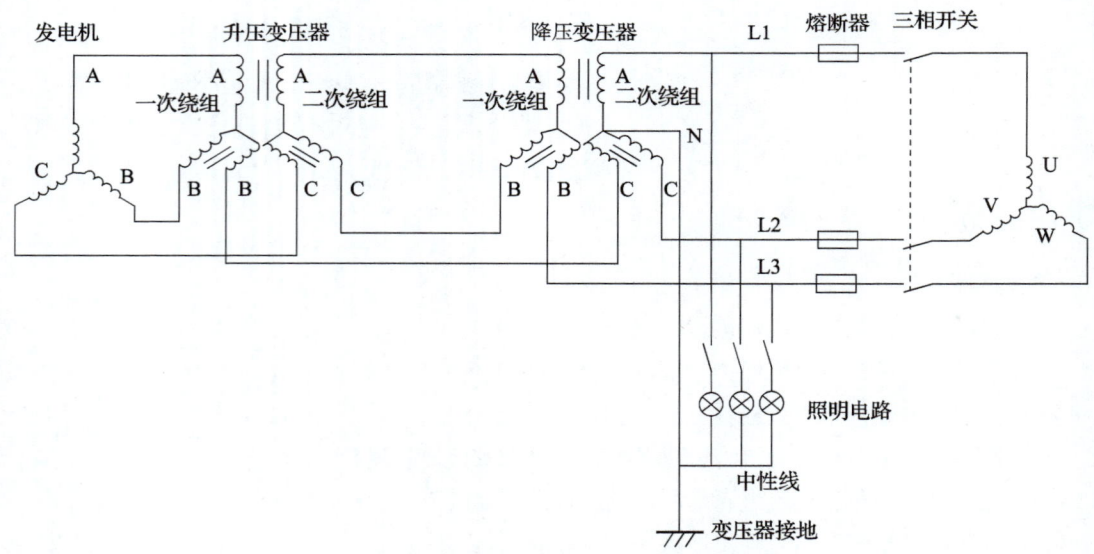

图 4-1　低压供电系统简化示意图

二、用电器不漏电的交流电流路径

三相交流变压器的低压侧,采用了中性点接地措施(图 4-2),优点是可防止雷击,缺点是增加了人触电和相线对地短路的可能性。

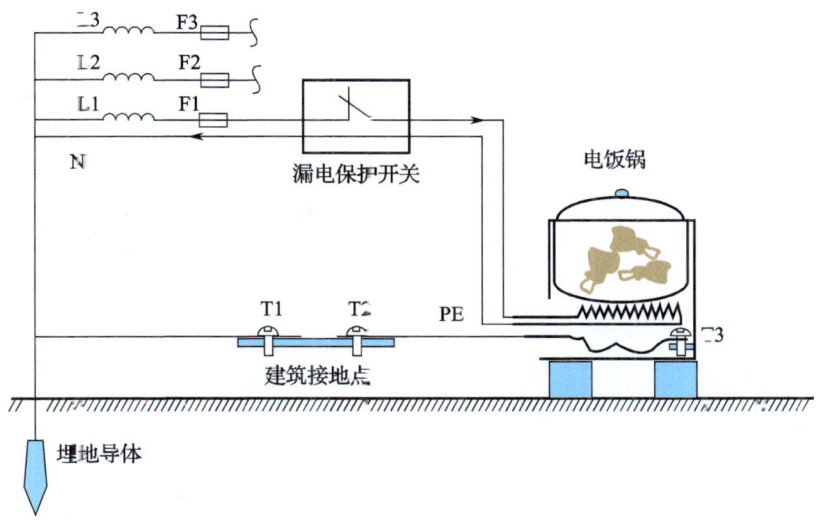

图 4-2　正常工作时的电流路径

三、有保护接地漏电时的交流电流路径

如图 4-3 所示，如果用电器壳体漏电，电流可经由接地线通过 PE（地线）将电流导入住宅的等电位粘接轨，不会造成触电危险。

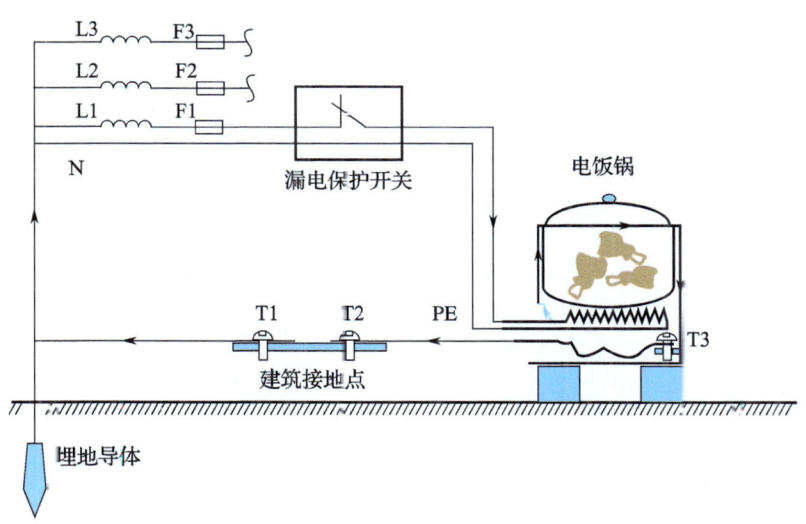

图 4-3　有保护接地漏电时的交流电流路径

在家庭中，诸如电饭锅、冰箱和洗衣机等，在用电器工作时要防止壳体漏电对人体造成电击，所以在壳体上接保护接地线用于保护接地。保护接地即将用电器壳体和用电器的中性线相连，中性线和真实地等电位，由于人总是站在真实地上，真实地和用电器壳体等电位，所以不会造成触电。加之漏电保护开关在电路漏电时能自动断开，使得家庭用电更加安全和方便。

四、无保护接地漏电的交流电流路径

1. 无保护接地，但有漏电保护开关

在有漏电保护开关的情况下，L 线向用电器壳体漏电，漏电保护开关内的 L 线和 N 线电流不平衡会促成漏电保护开关断开，因此在用电器漏电时有保护作用，如图 4-4 所示。但若漏电保护开关允许的电流平衡差很大，开关不断开则有一定电击的危险。

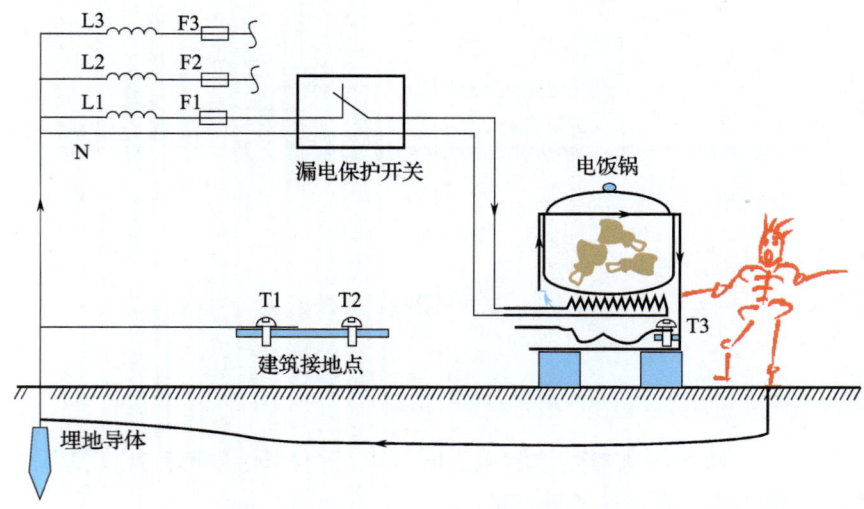

图 4-4　无保护接地，但有漏电保护开关

2. 无保护接地，无漏电保护开关

如图 4-5 所示，在无保护接地和无漏电保护开关情况下，用电器壳体漏电时，漏电电流全部通过人体，有严重电击的危险。

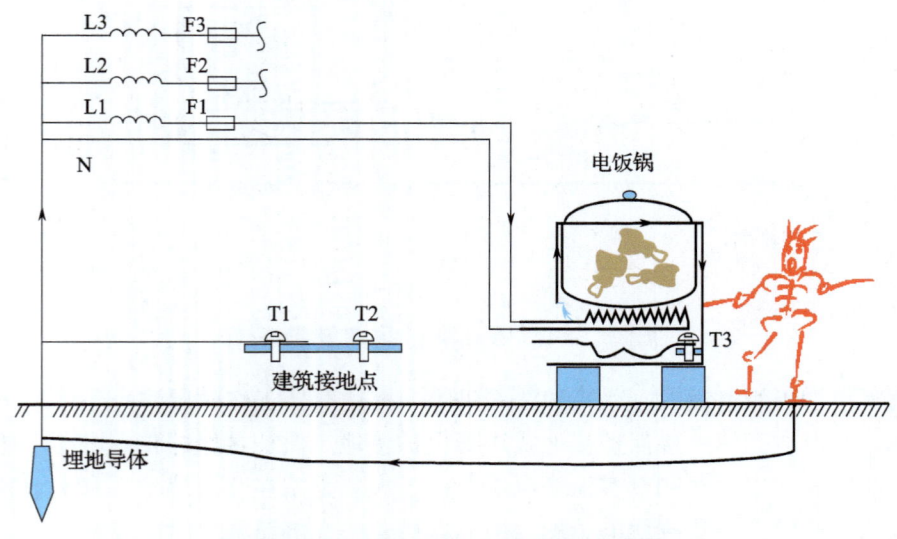

图 4-5　无保护接地，无漏电保护开关

五、车载充电机的接地保护

1. 正常充电时的交流电流路径

图 4-6 所示为保护接地正常时的交流充电。汽车上的车载充电机壳体通过充电口和外界的 L、N、PE 三根线连接,因为有 PE 接地保护,所以充电过程是安全的。

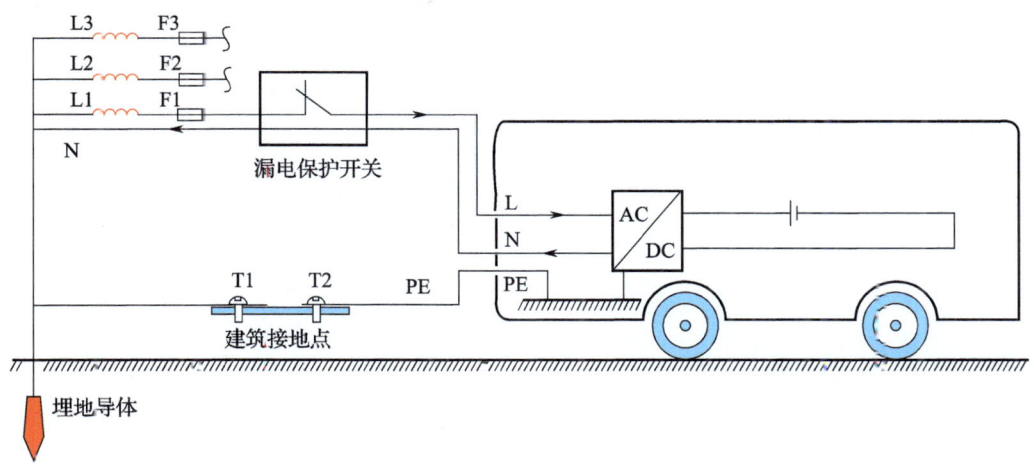

图 4-6　保护接地正常时的交流充电桩对充电机的充电

2. 有保护接地,车载充电机漏电时的交流电流路径

如图 4-7 所示,当 PE 接地正常时,L 线恰好与充电机壳体相通,一旦人接触汽车壳体金属也不会有电击的危险。一是漏电电流线保护地线形成回路,二是漏电电流大到一定程度时漏电保护开关会起作用。

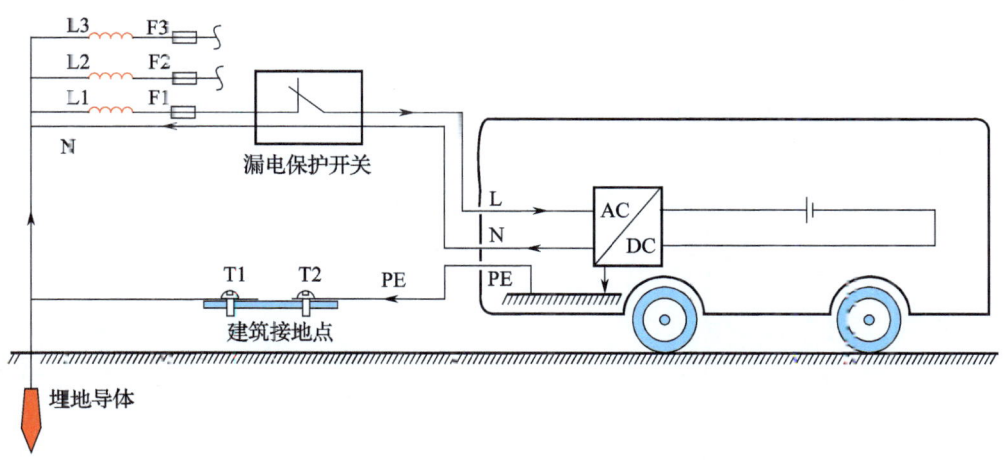

图 4-7　有保护接地时的交流漏电路径

3. 保护接地意外断开,车载充电机漏电时的交流电流路径

如图 4-8 所示,当 PE 接地出现故障时(如断开),而这时 L 线恰好与充电机壳体相通,一旦人接触汽车壳体金属就会有电击的危险,漏电电流会流经人体经附近变压器的接地点

回到中性点。

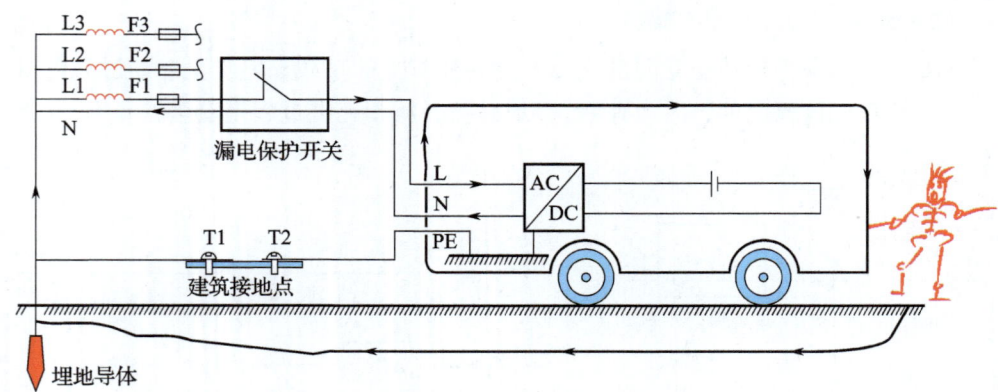

图 4-8　保护接地断开后的漏电交流电流路径

六、接地的双检测

充电枪口接地线 PE 的一端要与供电装置的接地相连，需要进行接地检测。充电枪口接地线 PE 的另一端要与汽车上的车身相连，也需要进行接地检测。

因此交流充电桩要检查供电装置上的 PE 接地是否良好。同时车上的电池管理系统要检测与车身接地的连接是否良好。若 PE 接地出现不良情况，供电桩内的接触器（交流继电器）开关会断开。

知识点 02　电池失火和爆炸的处理

一、电池失火和爆炸的危险性

在电池失火和爆炸的情况下，人若受困于车内，在打不开车门或乘员失去意识时十分危险。受困人员将吸入电池失火产生的烟气，导致中毒。若电池爆炸，还有再次加重乘员失去意识的危险，从而无法自救，任凭车辆燃烧和爆炸。

二、电池失火和爆炸的处理

1. 充电过程中失火处理

电动汽车在充电过程中失火，应及时断开汽车的交流充电连接，再用大量的水结合灭火器灭火，或用水基灭火器灭火。

警告：不可在未断开汽车的交流充电连接的情况下用水或水基灭火器灭火，这时可能发生来自交流电的电击。

2. 行驶中或停车中失火处理

电动汽车在行驶中或停车中失火时，车内人员应尽快离开车辆，防止爆炸发生。消防员也应保持一定距离，直接用大量的水结合灭火器灭火，或用水基灭火器灭火。

知识点 03　高压安全设计措施

电动汽车的高压安全措施是十分周密的，可以分为主动安全技术和被动安全技术。主动通过设计防护实现安全的技术称为主动安全技术。以主动避开或远离高压危险点为目的技术称为被动安全技术。

一、被动安全技术

1. 橙色电缆线

为了减少与高压电（在电动汽车领域指 60V 以上）的直接接触，高压部件上的高压线路采用橙色作为警示，同时还会在高压器件附近有警示性通告。

2. 防接触保护

高压电缆，特别是壳体穿孔部位采用多层绝缘，外层为护套起防磨损和绝缘功能，中间为带金属编织+包带的中间层（图 4-9a），金属编织与电缆两端的高压元件外壳金属相连，即与车身相连，导体从外部或内部弯曲突出内层绝缘时，导体（电缆）与车身金属相连，形成绝缘检测回路，会触发漏电报警。而普通电缆（图 4-9b）则没有此项功能。

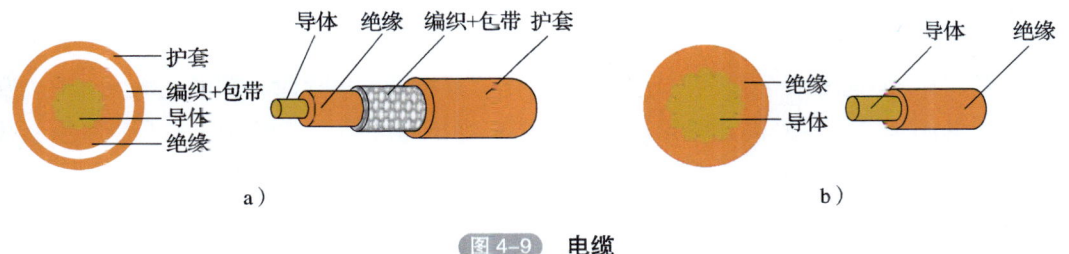

图 4-9　电缆

a) 电动汽车用电缆（带金属编织+包带）　b) 普通电缆（无金属编织+包带）

二、主动安全技术

1. 高压网络不共车身地

高压电采用正极和负极与车辆车身金属间不共地，两者之间并有绝缘检测（图 4-10），即图中人是安全的，不会发生触电。若负母线对车身或正母线对车身的绝缘性下降，人站在车身去碰另一条母线就不安全了。所以在汽车设计上，一旦发生绝缘电阻下降，高压上电继电器将下电，并在仪表出现系统故障指示。

正或负直流母线与车身意外相连时，若绝缘检测失效，将存在严重的高压电击隐患，一旦人员在车上接触了高压电负极或正极将造成严重电击伤或死亡。

2. 高压对地绝缘检测

高压产品漏电（图 4-10）可通过电池管理系统内的绝缘检测电路检测到，比如 DC/DC、逆变器（DC/AC）等对壳体高压漏电，绝缘检测电路都可以检测到。绝缘检测电路的检测方法是向高压电路中注入一个高压脉冲，以这个脉冲为电源，检测高压电路对车身的绝缘电阻，为检测准确高压产品外壳与车身相连形成等电位线（图中粗线条）。

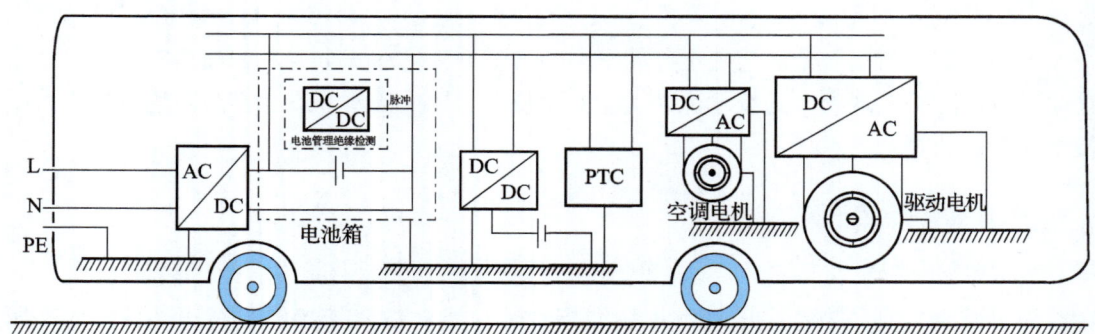

图 4-10　高压网络不共地、绝缘检测和等电位线

3. 高压互锁防护

高压产品的电缆脱开时，会造成触电和母线短路隐患。为此对整个高压系统设置一个导通环，当高压元件从线束上脱开时会造成"U形"导通环传送的信号中断，控制系统控制电池箱内的高压上电继电器断开，同时，逆变器内的电容器通过电阻自行进行放电。

4. 高压接通锁或检修塞

工作人员在诊断辅助系统时，比如断开空调压缩机的供电线时，高压上电继电器会断开以确保电池箱停止对外高压输出。但还要防止高压系统通过"点火开关开启"重新接通，因此，借助高压接通锁（图 4-11）再次断开对外输出，这样又对高压系统加了一道防止接通的保险。

操作高压接通锁进入断开状态，就相当于有检修塞的车拆下了检修塞。

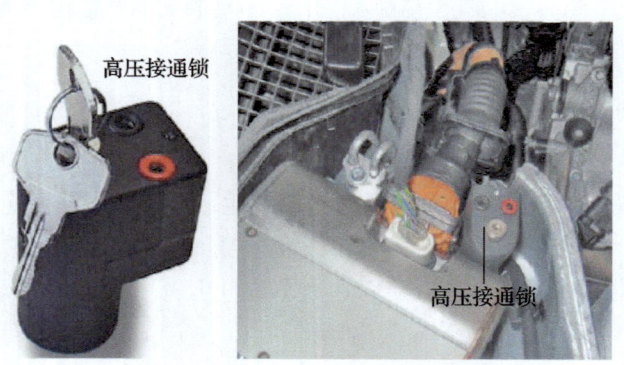

图 4-11　奔驰高压接通锁

5. 在碰撞时切断高压系统

通过来自安全气囊的碰撞识别触发断开电池箱内的上电继电器，并停止发电机发电模式，将母线电容器自动放电至允许的电压极限以下。

6. 高压产品的电隔离

12V 降压 DC/DC 变换器的一次线圈和二次线圈间采用隔离变压器，防止出现高压窜入低压的情况。

知识点 04　绝缘电阻监测原理认知

电动汽车电池、变频器、电机、车载充电机、直流/直流变换器、电动空调压缩机和暖风 PTC 加热器等都会涉及高压电器绝缘问题。这些部件的工作条件比较恶劣，振动、酸碱气体的腐蚀、温度及湿度的变化，都有可能造成动力电缆及其他绝缘材料迅速老化甚至绝缘破损，使设备绝缘强度大大降低，危及人身安全，所以有必要在出现绝缘问题时及时对高压电网进行下电操作，保护人员安全。

专家指导　电动汽车动力蓄电池电压超过交流 25V 或直流 60V 时必须检测动力蓄电池的绝缘电阻。当绝缘电阻降低到标准以下时必须及时报警以及采取必要的保护措施。

一、绝缘电阻大小确定

电动汽车的绝缘状况以直流正负母线对地的绝缘电阻来衡量。电动汽车的国际标准规定：绝缘电阻值除以电动汽车直流系统标称电压 U，结果应大于 $100\,\Omega/V$，才符合安全要求，见式（4-1）。标准中推荐的牵引蓄电池绝缘电阻测量方法适用于静态测试，因此不满足实时监测的要求。

$$\frac{绝缘电阻值}{直流系统标称电压} \geq 100\,\Omega/V \qquad (4-1)$$

专家指导　动力蓄电池绝缘电阻定义为"如果动力蓄电池与地之间的某一点短路，最大（最坏情况下）的泄漏电流所对应的电阻"。绝缘电阻分为绝缘电阻无限大、绝缘电阻为零、绝缘电阻为某一值三种情况。动力蓄电池绝缘电阻最小值为 $100\,\Omega/V$（一级报警值），安全值为 $100\sim500\,\Omega/V$（二级报警值）。

$100\,\Omega/V$ 意味着动力蓄电池的电压乘以 100 即为绝缘电阻下限。例如，动力蓄电池电压为 366V，则此时的最低绝缘电阻检测值为 $36600\,\Omega$，低于此值就非常不安全。

设计上通常按小于 $500\,\Omega/V$ 的绝缘监测为第二报警等级（存在绝缘下降，但无生命危险），小于 $100\,\Omega/V$ 的绝缘监测为第一报警等级（存在绝缘极度下降，可能有生命危险）。

二、绝缘电阻监测方法

电动汽车绝缘电阻的监测方法有两种，一是采用外接电阻切换测量，二是采用高压脉冲信号注入的方法进行测量。由于外接电阻切换测量有缺陷，实车上普遍采用高压脉冲信号注入法。

1. 外接电阻切换测量法绝缘电阻监测

通过测量电动汽车直流母线与底盘之间的电压，计算得到系统的绝缘电阻值。假设电动汽车的直流系统电压（即车载动力蓄电池总电压）为 U，待测的正、负母线与底盘之间的绝缘电阻分别为 R_x、R_y。正、负母线与底盘之间的电压分别为 U_x、U_y，则待测直流系统的等效模型如图 4-12 中的点画线框所示。

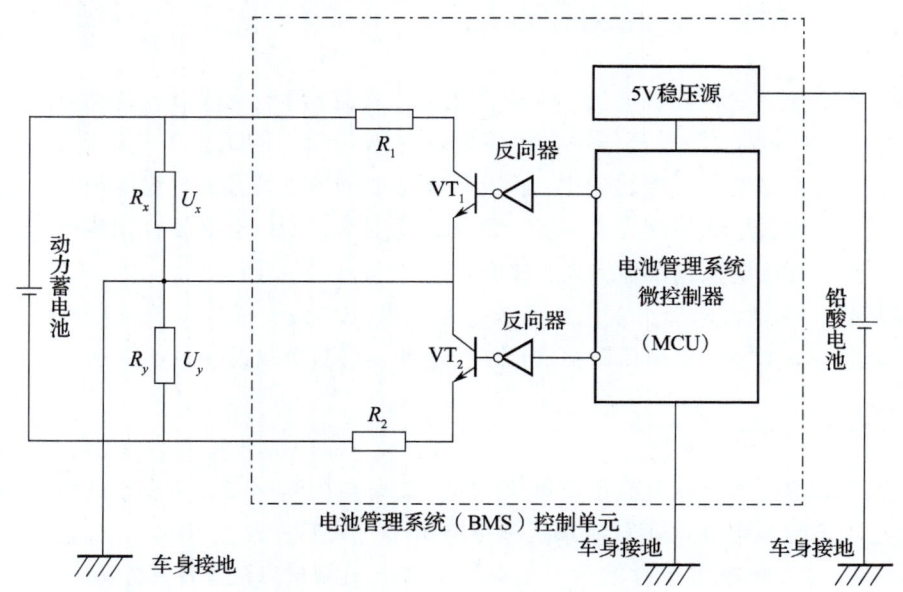

图 4-12　电动汽车绝缘电阻测量原理

图中 R_1、R_2 为测量用的已知阻值的标准电阻。工作原理如下：当电子开关 VT_1、VT_2 全部断开时，测量正、负母线与底盘之间的电压分别为 U_x 和 U_y，由电路定律可以得到式（4-2）。当电子开关 VT_1 闭合、VT_2 断开时，则在正母线与底盘之间加入标准偏置电阻 R_1，测量正、负母线与底盘之间的电压分别为 U_x、U_y，同样可以得到式（4-3），两方程在绝缘检测软件中联立方程组。

$$\frac{U_x}{R_x} = \frac{U_y}{R_y} \quad (4-2)$$

$$\frac{U_x}{R_x} + \frac{U_x}{R_1} = \frac{U_y}{R_y} \quad (4-3)$$

绝缘检测软件通过式（4-2）和式（4-3）解出正、负母线与底盘之间的绝缘电阻分别为 R_x 和 R_y，要注意到式（4-2）中的 U_x 和 U_y 与式（4-3）中的 U_x 和 U_y 数值是可测量的，但不是相等的。

同样，绝缘电阻在以下 2 种情况也可以得到：VT_1、VT_2 全部断开和 VT_1 断开、VT_2 闭合；VT_1 闭合、VT_2 断开和 VT_1 断开、VT_2 闭合。由上述计算公式可知，绝缘电阻 R_x、R_y 的具体数值由 4 个测量电压值和已知标准电阻计算得到，最终结果的精度与电压测量和标准电阻的精度直接相关。另外，开关动作前后，电池电压随汽车加、减速的变化对结果的影响也应分析。电动汽车的绝缘电阻一般来讲是缓变参数,而测量过程很快,因此可以认为测量过程中实际待测绝缘电阻阻值保持不变。

绝缘电阻监测模块主要完成如下几方面功能:正、负母线对底盘的电压U_x和U_y测量,标准偏置电阻R_1或R_2的介入控制,绝缘电阻R_x和R_y的计算和判断、报警方式等。

2. 高压脉冲信号注入法绝缘电阻监测

在直流母线正负极和车辆底盘之间接入电阻,通过电子开关或高压继电器接通电阻和车辆底盘,然后测量这些电阻上的电压或电流,再计算得到绝缘电阻的大小。这些方法或多或少都有一些缺陷,如工作不可靠、不能响应动力蓄电池内部对地短路故障、不能测量正负对称故障、无法精确测量正负母线双端对称接地时的绝缘电阻、系统泄漏电容增大时测量参数偏差大等问题。

向高压回路注入一个可变电流信号,通过检测接收回路上的电流变化值来检测系统当前的绝缘电阻值,可彻底解决电池内部对地短接或正负对称接地时无法测量的问题;且不受系统泄漏电容的影响,同时无须改变检测电路中硬件参数值就可在全电压(DC 0~800V)范围内检测系统的绝缘电阻。

信号注入是指对电动汽车的电池系统注入一定频率的直流电压信号,通过测量反馈的直流信号计算绝缘电阻,这种信号对整个电池系统会产生纹波干扰,影响系统的正常工作。而现有的外接电阻切换的绝缘电阻测量方法检测精度较低,同时因长时间接入测量电阻,降低了系统的绝缘性能,增加了电池功耗。

绝缘检测电路原理如图4-13所示,检测回路由动力蓄电池系统、高压正负极回路串联电阻R_i、信号源、测量电阻R_m、汽车底盘、回路漏电电阻R_f组成。信号源是一个电流源信号,它通过高压正负极回路串联电阻向动力蓄电池系统注入一个低频的电流信号。该信号通过高压正负极回路串联电阻、动力蓄电池组、回路漏电电阻R_f、车辆底盘、测量电阻形成一个信号回路。在电流信号注入时,测量电阻R_m上的电流为

$$I_{R_m} = \frac{U_{R_m}}{R_m} \quad (4-4)$$

在测量回路中,来自电动汽车电池管理系统(BMS)高压脉冲信号源的注入电压分别加载到回路的各个电阻上,其总电压为分回路电压之和。

$$U_x = U_R + U_{R_i} + U_{R_m} \quad (4-5)$$

由于测量回路的电阻R_i及R_m是已知的,由此可以计算出U_{R_i}及U_{R_m},则回路漏电阻上所加的电压为

$$U_{R_i} = U_x - U_R - U_{R_m} \quad (4-6)$$

由式(4-4)和式(4-6)可得到最终的漏电电阻值为

$$R_f = \frac{U_{R_i}}{I} \quad (4-7)$$

微处理器通过注入信号的改变及R上电压信号的变化,进行运算、分析,最终计算出

本系统的漏电电阻。在直流高压系统单端对地漏电或正负对称漏电时，由于回路的串并联电阻发生变化，通过对注入信号的极性判断及采样点的电压变化值与参考电压的变化差，判断故障点所在。

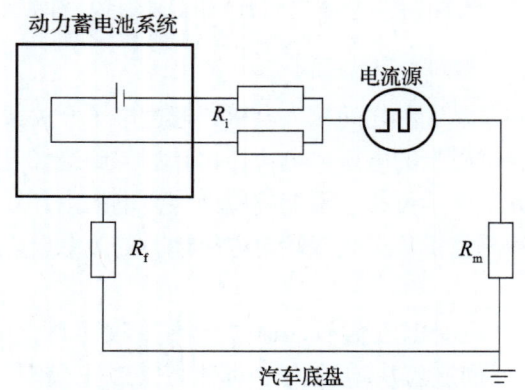

图 4-13　车辆绝缘检测电路的工作原理

三、高压产品壳体共地

图 4-14 所示为动力蓄电池箱、变频器和电机等高压产品通过外壳与车身接地，这样电池管理系统（BMS）的车身接地线（图 4-12）中的绝缘电阻 R_x 和 R_y 与车身之间的车身接地线就可与高压产品构成实际的检测回路。

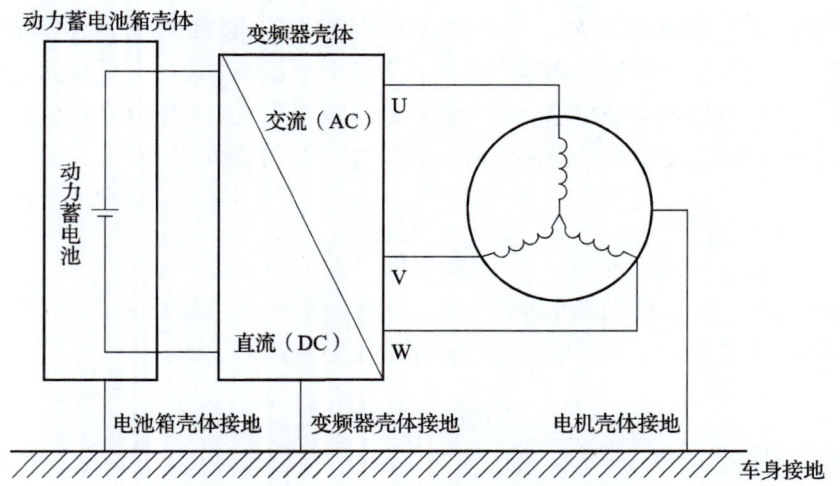

图 4-14　高压产品壳体共地示意图

技师指导　等电位点测量的目的是什么？

在电动汽车高压培训中，有一项称为等电位点测量的培训，其作用就是要测量各高压用电器的外壳体与车身之间电阻是否为零。若此电阻过大，绝缘检测可能会失效，必须找到导致高压用电器的外壳体与车身之间电阻过大的原因并排除，然后再次测量高压用电器的外壳体与车身之间电阻是否为零。

四、绝缘电阻动态监测

一般来讲，电动汽车的标称电压在 90~750V 之间，实际偏置电阻因电压不同而不同，运行过程中电池电压存在一定的波动范围，并且待测绝缘电阻也有一定的变化范围，因此，监测系统的电压测量电路必须保证在全范围内实现等精度的测量，而且正、负母线对地电压的测量必须同时完成。

技师指导 通过电池管理系统数据流如何判别动态绝缘电阻？在电动汽车高压培训中，有一项称为动态绝缘电阻测量的培训。可以用绝缘电阻表进行，也可通过电池管理系统的数据流来判别。实车测试一下高压导线正或负对车身金属的绝缘电阻的大小。比较用绝缘电阻表方法时间少，还是用数据流方法时间少。

五、绝缘检测无法识别

在高压电操作中，要牢记，千万不要把自己串入正、负极之间构成导电回路，因为这时绝缘检测是无法识别的，将会造成严重的触电事故。

知识点 05　高压绝缘报警的诊断方法

当电动汽车发生绝缘报警时，需要找到高压网络哪个地方的哪个元件发生了绝缘问题。

一、绝缘电阻表

图 4-15 所示为用 FLUKE 绝缘电阻表测量变频器绝缘电阻的例子。电动汽车的绝缘电阻测量原理是利用机内电池作为电源经 DC/DC 变换产生的直流高压由表笔处经被测试品到达另一个表笔，从而直接将绝缘电阻值测出来。

为了能测量不同等级的绝缘产品，绝缘电阻表内的两节直流干电池（3V）可以升压为 50V、500V、1000V 等不同的直流脉冲电压，以适应不同电压等级元件的绝缘检测要求。

图 4-15　用绝缘电阻表测量变频器的绝缘电阻值为 2.2GΩ

技术指导 电动汽车内部的绝缘电阻检测原理也是由低压升到高压直流脉冲来检测车上的高压网络的。

二、高压线路绝缘检查原则

进行高压网络绝缘检查时，通常先断开电池箱对外输出的高压导线。以电池箱内侧和外侧为分界点，先判断绝缘下降原因在电池箱内部，还是在电池箱外部。如果绝缘下降原因在电池箱外部，可按先从高压元件本身开始，然后是高压导线的顺序进行检查。如果绝缘下降原因在电池箱内部，可按电池箱防水能力、高压继电器、高压连接支撑处、电池管理系统检测电压的信号线（其内部为高压）、电池组本身漏电的顺序进行检查。

三、高压元件绝缘检查

1. 电池箱内绝缘检查

（1）在电池箱外部进行绝缘检测确认 如图 4-16（a）、（b）所示，断开电池箱对外输出的供电电缆，用绝缘电阻表 1000V 档分别测量电池箱对外输出的供电电缆座内正、负两根电缆中的任意一根对车身地（电池箱外壳）的接地电阻，检测绝缘报警是否发生在电池箱内。

（2）在电池箱内进行高压电缆分段绝缘检查 拆开电池箱，先观察不可能有故障的高压电缆段，排除这些电缆段，以免做无用的测量。对可能有故障的电缆段用绝缘电阻表 1000V 档分别测量对车身地（电池箱外壳）的接地电阻，电阻若低于正常值，更换电缆。

（3）高压继电器绝缘检查 如图 4-16（c）、（d）、（e）所示，拆开电池箱，断开高压继电器的高压导线，用绝缘电阻表 1000V 档分别测量电池箱内正、负继电器输出端子对车身地（电池箱外壳）的接地电阻，电阻若低于正常值，更换继电器。

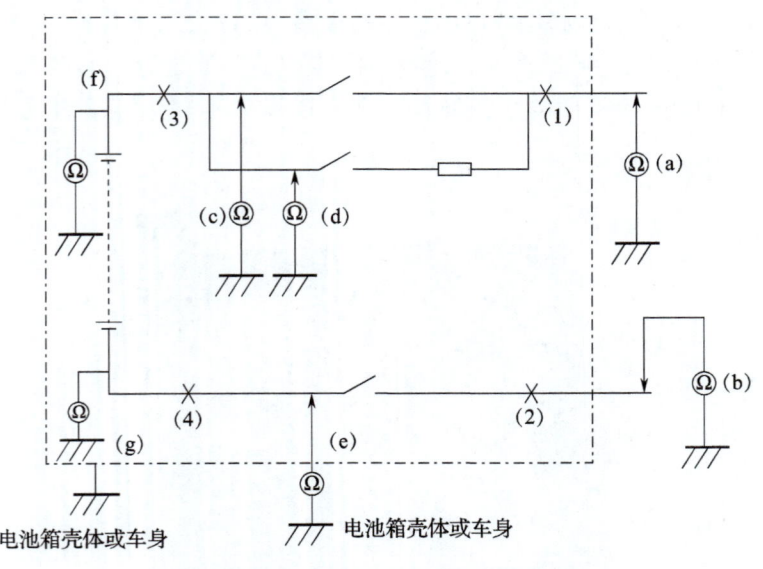

图 4-16 在电池箱外部进行绝缘测量

（4）电池组的绝缘检查　如图4-16（f）、（g）所示，拆开电池箱，断开电池上的高压导线，用绝缘电阻表1000V档分别测量电池箱内电池的正、负极输出端子对车身地（电池箱外壳）的接地电阻，电阻若低于正常值，再详细分解各组电池，再次测量对地的绝缘电阻，直到找到相应的电池组。修理方式为可更换电池组，也可更换电池箱总成。

2. 电池箱外绝缘检查

（1）变频器绝缘检测　如图4-17（a）、（b）所示，在断开直流输入侧电缆和三相交流输出侧电缆的变频器上，用绝缘电阻表400V或1000V档（修理手册绝缘检测电压为1000V时）分别测量输入侧正、负极对车身地（变频器外壳）的接地电阻，电阻若低于正常值，更换变频器。

如图4-17（c）、（d）、（e）所示，在断开直流输入侧电缆和三相交流输出侧电缆的变频器上，用绝缘电阻表1000V档分别测量变频器输出侧U、V、W对车身地（变频器外壳）的接地电阻，电阻若低于正常值，更换变频器。

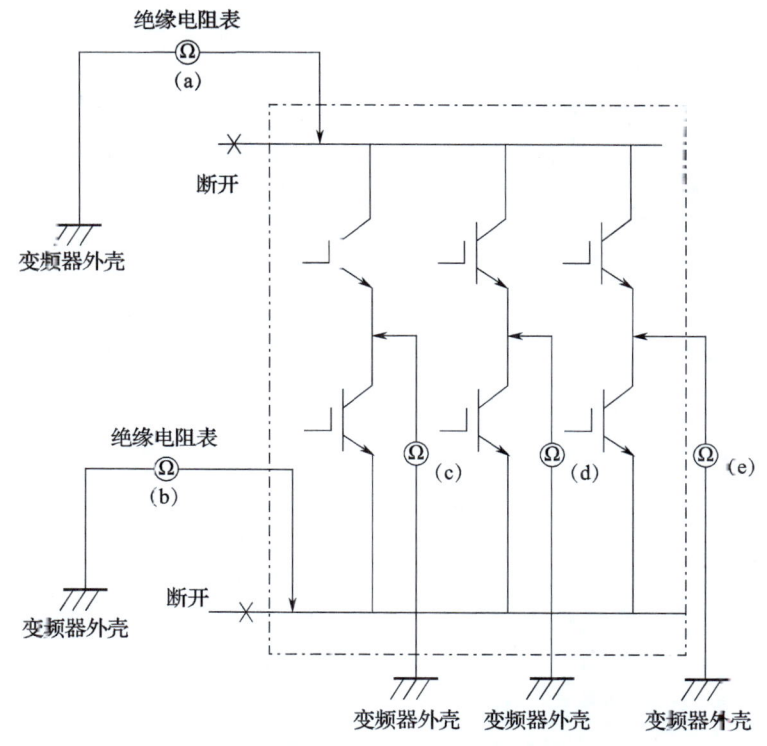

图4-17　变频器直流侧绝缘测量

（2）电机定子绝缘检测　如图4-18所示，在断开变频器和电机三根输入侧电缆的电机上，用绝缘电阻表1000V档分别测量电机输入侧U、V、W三根电缆中的任意一根对车身地（电机外壳）的接地电阻，电阻若低于正常值，更换电机总成。

（3）车载充电机绝缘检测　断开车载充电机输入侧L、N两根电缆，用绝缘电阻表400V档（交流电源为单相220V）分别测量车载充电机输入侧L、N两根电缆中的任意一根对车身地（车载充电机外壳）的接地电阻，电阻若低于正常值，更换车载充电机。

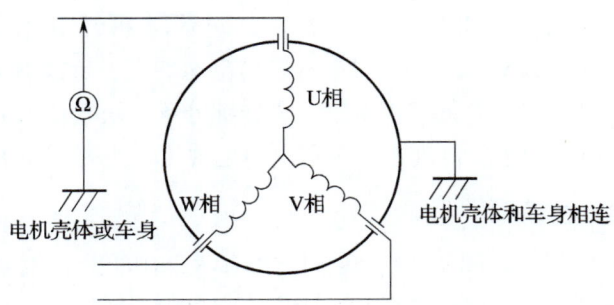

图 4-18　电机定子线圈绝缘测量

（4）空调压缩机绝缘检测　断开电动压缩机电缆，拆下压缩机变频器电子元件部分，将压缩机分解成变频器和压缩机两部分。

测量电动压缩机的变频器绝缘电阻：方法参考图 4-18，不再赘述，实际操作见图 4-19，电阻若低于正常值，直接更换电动空调压缩机总成。

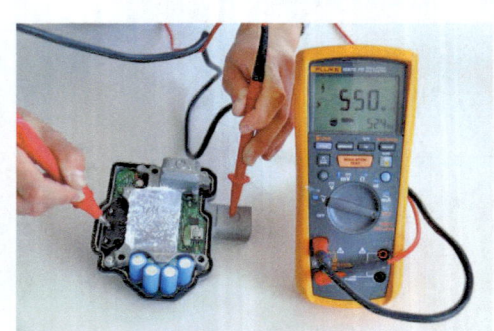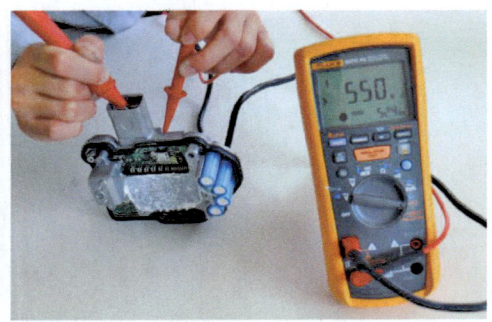

图 4-19　测量电动压缩机的变频器绝缘电阻（左侧测量输出交流侧、右侧测量直流侧）

测量电动压缩机绝缘电阻：参考图 4-20 所示，在三根输入侧接线柱处用绝缘电阻表 1000V 档分别测量电机输入侧 U、V、W 三个接线柱中的任意一根对车身地（电机外壳）的接地电阻，电阻若低于正常值，更换电动空调压缩机。

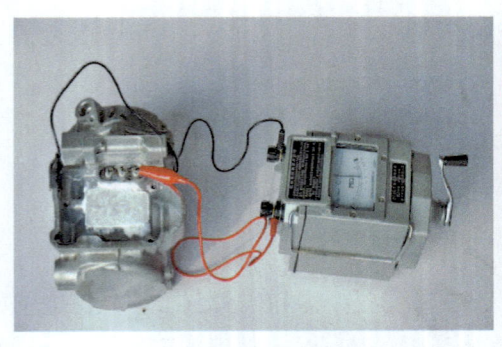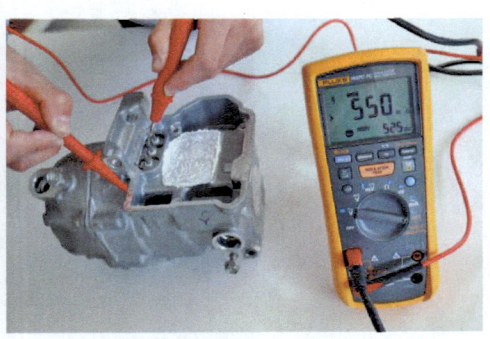

图 4-20　测量电动压缩机电机定子线圈对壳体的绝缘电阻

（5）空调 PTC 加热器绝缘检测　如图 4-21 所示，断开 PTC 加热器电缆，用绝缘电阻表 1000V 档分别测量 PTC 加热器输入侧正、负两根电缆中的任意一根对车身地（PTC 外壳）的接地电阻，电阻若低于正常值，更换 PTC 加热器。

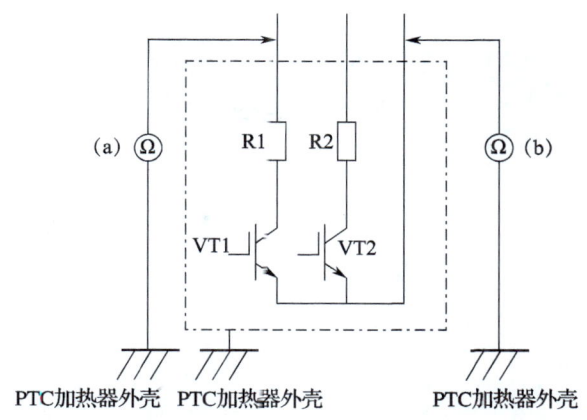

图 4-21　空调 PTC 加热器的绝缘测量

（6）DC/DC 变换器绝缘检测　对于独立 DC/DC 变换器，断开 DC/DC 变换器的供电电缆，用绝缘电阻表 1000V 档分别测量 DC/DC 变换器输入侧正、负两极电缆中的任意一根对车身地（DC/DC 变换器外壳）的接地电阻，电阻若低于正常值，更换 DC/DC 变换器。

技师指导　事实上，DC/DC 变换器大多集成在变频器内部，因此只需测量变频器内的正、负两极输入端分别对变频器壳体的绝缘电阻即可。

能力模块四　电动汽车安全管理认知与故障诊断

学习任务单

| 电动汽车安全管理认知与故障诊断 | 学　号 | 姓　名 |

一、填空题

1. 为了避免雷击损坏变压器和用电器，需要将变压器的_____埋地。
2. 为了防止雷击三相交流变压器的低压侧，采用了中性点接地措施，优点是可防止雷击，缺点是增加了_____的可能性。
3. 如果用电器壳体漏电，电流经 PE 线后通过熔盒内的_____将电流导入住宅的等电位粘接轨。
4. 保护接地即将用电器壳体和用电器的_____相连。
5. 车主在给电动汽车充电过程中，不用_____。

二、判断题

1. 如果没有自然界的雷击变压器的问题，变压器的中性点就不用埋地，那么人站在地上触到相线也不会被电击了。（　　）
2. 在农村建筑中，由于没有地线（PE）回变压器中性点的保护措施，用电器壳体漏电发生电击的情况较多。（　　）
3. 充电枪口接地线 PE 的一端要与供电装置的接地相连，需要进行接地检测。（　　）
4. 充电枪口接地线 PE 的另一端要与汽车上的车身相连，需要进行接地检测。（　　）
5. 不可在未断开汽车的交流充电连接的情况下用水或水基灭火器灭火。（　　）

三、单选题

1. 电动汽车行业操作错误的做法是（　　）。
   A. 戴 0 级手套　　B. 戴护目镜　　C. 穿绝缘鞋　　D. 放置绝缘垫
2. 高压部件上的高压线路采用（　　）作为警示。
   A. 红色　　B. 橙色
3. 正或负直流母线与车身意外相连，若（　　）检测失效，将存在严重的高压电击隐患。
   A. 电压　　B. 电流　　C. 绝缘　　D. 电阻
4. 绝缘检测电路的检测方法是向高压电路中注入一个（　　）脉冲为电源，检测高压电路对车身的绝缘电阻。
   A. 方波电压　　B. 正弦电压
5. 电动汽车的碰撞识别被触发后，不会引起的操作是（　　）。
   A. 停止发电机的发电模式　　B. 将母线电容器自动放电至允许的电压极限以下
   C. 对铅酸电池进行断电　　D. 断开动力蓄电池的中间继电器

实践任务
吉利高压绝缘警告灯点亮的检查与排除

一、小组分工

按照前面所了解的知识内容，落实各项工作负责人（表4-1），如任务实施前的准备工作、实施中主要操作及协助支持工作、实施过程中相关要点及数据的记录工作等。

表4-1 工作任务分配

班级		组号		指导老师	
组长		学号			
组员角色分配					
操作员1		学号			
操作员2		学号			
记录员		学号			
安全员		学号			
任务分工					

（就组织讨论、工具准备、数据采集、数据记录、安全监督、成果展示等工作内容进行任务分工）

二、维修方案合理性评估和纠正

教学提示 教师提供资料或操作视频进行提示，以帮助学生完成主要工作步骤的填写（表4-2）。教师评估通过后，方可进行具体操作实施。学生可先行在草纸上进行，任务实施中若有改变需经教师再次评估，以确认安全和可行。

表 4–2　主要工作步骤的填写用表

内容	序号	为解决问题的主要操作步骤（不含准备及 5S）	通过 / 不通过
学生完成	1		
	2		
	3		
	4		
	5		
	6		
	7		
	8		
教师完成	1	安全可行	
	2	步骤可行	
	3	时间可行	
	4	成本可行	

三、工作准备

小组完成设备和工具准备自检（表 4–3）。

表 4–3　设备和工具准备自检表

序号	设备及工具名称	数量	设备及工具是否完好
1			□是　□否
2			□是　□否
3			□是　□否
4			□是　□否
5			□是　□否

四、过程记录

小组在表 4-4 内完成吉利高压绝缘报警记录单。

班级：_____ 姓名：_____ 学号：_____

表 4-4 吉利高压绝缘报警记录单

序号	步骤或测量对象	记录	完成情况
1	例如：诊断仪显示的结果，绝缘表、万用表测量的结果		正常 □ 异常 □
2			正常 □ 异常 □
3			正常 □ 异常 □
4			正常 □ 异常 □
5			正常 □ 异常 □
6			正常 □ 异常 □
7			正常 □ 异常 □
8			正常 □ 异常 □
9			正常 □ 异常 □
最终的故障点			

表头：吉利高压绝缘报警检查（有数据记录数据，精确到小数点后两位，要有单位）

五、评价反馈

以小组为单位进行自评，并将结果填入表 4-5 中。

表 4-5　小组自评表

班级		组别	
日期		指导教师	
实践任务名称			
全体组员姓名			

评价项目		评价标准	分值	得分
考勤（10%）		小组少 1 人，扣 5 分	10	
工作过程 （60%）	计划制订合理	工作方案合理可行，一次通过不扣分，每多 1 次评估通过扣 5 分	20	
	任务实施	测量操作错误 1 次扣 2 分	20	
		测量判别错误 1 次扣 2 分	10	
		结论不正确，扣 10 分	10	
	工作态度	认真严谨，积极主动，安全生产，文明施工，违反 1 项 1 次扣 1 分	5	
	工作质量	能按照工作方案操作，按计划完成工作任务，未完成扣 3 分	5	
	团队合作	与小组成员、同学之间能合作交流、协调工作，违反 1 项 1 次扣 1 分	5	
项目成果 （30%）	工作完整	不能按时完成工作任务的所有环节，扣 5 分	5	
	工作规范	在整个操作过程中出现不规范操作，违反 1 项 1 次扣 1 分	5	
	汇报展示	能准确表达、汇报工作成果，差一级减 1 分	5	
合计			100	
总结与反思				

（如：学习过程中遇到什么问题→如何解决的/解决不了的原因→心得体会）

Module 05

能力模块五
充电管理认知与诊断

情境导入

一辆 2017 年 5 月出厂的吉利 EV300 纯电动汽车，2022 年在交流充电时出现刚开始能充电，一会后就不能充电的故障，经诊断仪诊断为充电枪过热，这种情况将使车辆存在严重的安全隐患。

如果你是接车的修理技术人员，修理方案应如何制定。

学习目标

能力目标
- 能说出充电管理的内容。
- 能画出充电管理的系统图。
- 能说出交流充电桩的充电控制过程。
- 能说出直流充电桩的充电控制过程。
- 能排除交流充电过程中的充电故障。
- 能排除直流充电过程中的充电故障。

素养目标
- 具有良好的团队协作精神和较强的组织沟通能力。
- 具有正确的操作安全意识。
- 具有资料查询与计划制订能力。

知识储备

知识点 01 电池充电方法认知

一、常规充电方式

该充电方式采用恒压、恒流的传统充电方式对电动汽车进行充电。常规充电方式以相当低的充电电流为蓄电池充电，电流大小约为 15A，若以 120A·h（例如 360V，即串联 12V 100A·h 的电池 30 个）的蓄电池为例，充电时间要持续 8h 多，相应的充电器的工作和安装成本相对比较低。电动汽车家用充电设施（车载充电机）和小型充电站多采用这种充电方式。车载充电机是纯电动汽车最基本的一种充电设备。充电机作为标准配置固定在车上或放在行李舱里。由于只需将车载充电机的插头插到停车场或家中的电源插座上即可进行充电，因此充电过程一般由客户自己独立完成，可直接从低压照明电路取电，电功率较小，由 220V/16A 规格的标准电网电源供电，在 SOC 达到 95% 以上时典型的充电时间为 8~10h。这种充电方式对电网没有特殊要求，只要满足照明要求的供电质量就能够使用。由于在家中充电通常是在晚上或者电低谷期，有利于电能的有效利用，因此电力部门一般会给予电动汽车用户一些优惠，如电低谷期充电打折。

小型充电站是电动汽车最重要的一种充电方式，充电机设置在街边、超市、办公楼、停车场等处。采用常规充电电流充电。

电动汽车驾驶人只需将车停靠在充电站指定的位置上，接上电线即可开始充电。计费方式是投币或刷卡，充电功率一般在 5~10kW，采用三相四线制 380V 供电或单相 220V 供电。其典型的充电时间是补电 1~2h，充满 5~8h（SOC 达到 95% 以上）。

二、快速充电方式

快速充电方式是指在短时间内使蓄电池达到或接近充满状态的一种方法。该充电方式充电功率很大，能达到上百千瓦。该充电方式以 150~400A 的高充电电流在短时间内为蓄电池充电，与常规充电方式相比安装成本相对较高。快速充电的目的是在短时间内给电动汽车充满电，充电时间与燃油车的加油时间接近。大型充电站（机）多采用这种充电方式。

快速充电设备主要包括充电站及其附属设施，如充电机、充电站监护系统、充电桩、配电室以及安全防护设施等，图 5-1 所示为充电站控制示意图。

大型充电站（机）采用三相四线制 380V 供电，典型的充电时间是 10~30min。这种充电方式对电池寿命有一定的影响，特别是普通蓄电池不能进行快速充电，因为在短时间内

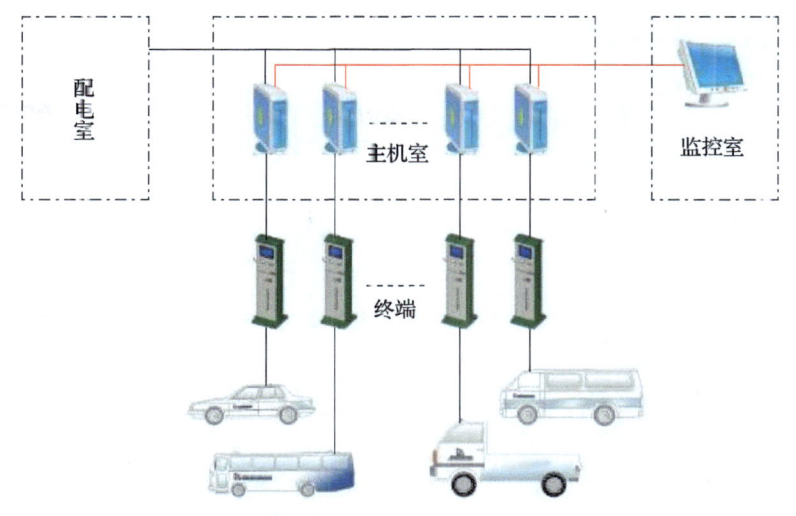

图 5-1　充电站控制示意图

接受大量的电能会导致蓄电池过热，对于锂离子电池可能发生着火或爆炸。

快速充电方式只能采用非车载快速充电组件，也称直流充电桩，它能够输出 35kW 甚至更高的功率。由于功率和电流的额定值都很高，因此这种充电方式对电网有较高的要求，一般应靠近 10kW 变电站或在监测站和服务中心使用。此外，该充电方式对附近的电网会产生一定的谐波污染，还需采取较为复杂的谐波抑制措施。

三、无线充电方式

无线充电方式包括电磁感应式（图 5-2）、磁场共振式、无线电波式三种。三种充电方式对比见表 5-1。电动汽车非接触充电方式的研究目前主要集中在感应式充电，它不需要接触即可实现充电，目前，日产和三菱都有相关产品推出，其原理是采用了可在供电线圈和受电线圈之间提供电力的电磁感应方式，即将一个受电线圈装置安装在汽车的底盘上，将另一个供电线圈装置安装在地面，当电动汽车驶到供电线圈装置上，受电线圈即可接受供电线圈的电流，从而对电池进行充电。目前，这种方式的成本较高，还处于实验室研发阶段，其功能还有待时间验证。

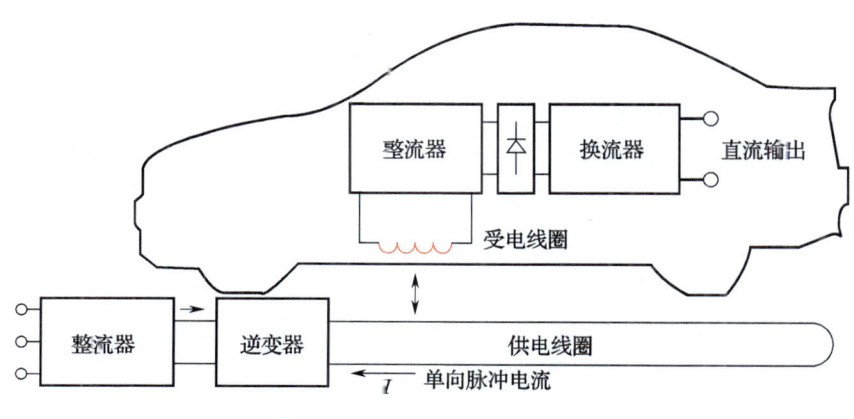

图 5-2　电磁感应式充电示意图

表 5-1 三种无线充电方式比较

方式	电磁感应式	磁场共振式	无线电波式
充电原理	向地面下的供电线圈提供交流电流,线圈产生交变磁场,感应车底部的受电线圈,产生交流电	基本原理与电磁感应式相同,只是供电线圈和受电线圈使用同一共振周波,可将阻抗控制在最低,增大发送距离	充电部分和接收部分均采用2.45GHz的微波
使用频率范围	22kHz	13.56MHz	2.45GHz
输出功率	30kW	1kW	1kW
传送距离	100 mm	400 mm	1000 mm
充电效率	92%	95%	38%
日本研制企业	昭和飞行机工业	长野日本无线	三菱重工业

电动汽车无线充电方式是近几年国外的研究成果,其原理就像在车里使用的移动电话,将电能转换成一种符合现行技术标准要求的特殊的电磁波,在汽车上安装一个专用天线接收即可。有了无线充电技术,公路上行驶的电动汽车或双能源汽车可通过安装在电线杆或其他高层建筑上的发射器快速补充电能。电费将从汽车上安装的预付卡中扣除。

沃尔沃(Volvo)C30电动汽车充电不再需要电源插座或充电电缆,利用感应充电法,电能通过埋在路面内的充电板无线传送给汽车的蓄电池,实现从路面直接给汽车充电。这一技术将极大地降低充电时间,以沃尔沃C30为例,在蓄电池完全放电的情况下,给24kW·h大小的蓄电池组完全充电,预计仅用1.4h。

无线电波充电方式也叫移动式充电。对电动汽车蓄电池而言,最理想的情况是汽车在路上巡航时充电,即所谓的移动式充电(MAC)。这样,电动汽车用户就没有必要去寻找充电站、停放车辆并花费时间去充电了。MAC系统埋设在一段路面之下,即充电区,不需要额外的空间。

接触式和感应式的MAC系统都可实施。对于接触式MAC系统而言,需要在车体的底部装一个接触拱,通过与嵌在路面上的充电元件相接触,接触拱便可获得瞬时高电流。对于感应式MAC系统,车载式接触拱由感应线圈所取代,嵌在路面上的充电元件由可产生强磁场的高电流绕组所取代。很明显,由于机械损耗和接触拱的安装位置等因素的影响,接触式MAC对人们的吸引力不大。

电磁感应式非接触充电系统存在以下三方面的问题:①送电距离比较短,如果两个线圈的横向偏差较大,传输效率就会明显下降。目前来看传输距离为10cm左右,而底盘的离地间隙明显与这个距离有着非常大的差距。②散热问题,比如线圈之间的发热。③辐射问题,电磁感应在线圈之间传输电力,如同磁铁一样,在外圈有一定的泄漏,人如何避免受影响是个很大问题。线圈之间有可能有杂物进入,还可能有某些动物(如猫狗)进入里面,一旦产生电涡流,就如同电磁炉一样,安全性问题非常明显。目前来看,利用电磁感应原理的无线供电技术最具现实性,并且在电动汽车上有实际应用。

磁场共振目前技术上的难点是小型、高效率化比较难。目前的技术能力大约是直径 0.5m 的线圈，能在 1m 左右的距离提供 60W 的电力。

综上所述，电动汽车的充电还是采用普通充电为主、快速补充充电为辅的充电方式。

四、如何解释 V to X

1．V2G

V2G 是 Vehicle-to-Grid 的简称，功能是在电动汽车的蓄电池和电力网之间交换电力。当出现地震等自然灾害时，电动汽车开到医院或灾区现场，利用车载的蓄电池为现场的动力机械设备供电，通常可实现交流单相输出，当然成本允许也可以实现三相输出。

2．V2H

V2H 是 Vehicle-to-Home 的简称，功能主要是为家庭充电提供便捷实用的服务。由于大部分车辆 95% 的时间处于停驶状态，车载电池可以作为一个分布式储能单元。这种双向电力融合，一方面可以提高电网的运行效率，另一方面，用户也可以借助峰谷电价从中获益。

V2G 和 V2H 具有相同的功能，都是在电动汽车的蓄电池和电力网之间交换电力。所以，V2G/V2H 模式被称为推广电动汽车最好的助推剂。

3．V2V

V2V 是 Vehicle-to-Vehicle 的简称，它描述了这样的一个系统：当有一台电动汽车由于缺电无法运行时，有电的电动汽车可以开过来通过充电口对接线为无电的电动汽车充电，从而恢复其行驶能力。

知识点 02　汽车充电机功能认知

一、充电桩

随着我国新能源汽车，特别是纯电动汽车的迅速发展，电动汽车充电站及其配套充电设备必将处于新能源交通领域的前沿位置。

电动汽车充电机是一种专为电动汽车的车用电池充电的设备，安装方式不同可分为车载式和非车载式两种，分别采用相应的充电方式完成对车载蓄电池充电的功能。

车载充电机是指安装在电动汽车内部的充电机。非车载充电机是指安装在电动汽车外，与交流电网连接，并为电动汽车动力蓄电池提供直流电能的充电机，即充电桩。充电站安装的非车载充电机还需具备计量计费功能。

根据电流种类不同，充电桩可分为交流充电桩和直流充电桩两种。交流充电桩是安装在电动汽车外、与交流电网连接，为电动汽车车载充电机提供交流电源的供电装置，同时具备计量计费功能。直流充电桩是固定安装在电动汽车外、与交流电网连接，为电动汽车动力蓄电池提供小功率直流电源的供电装置，同时可以对充电电量进行计量。

二、充电机功能

充电设定方式可分为自动设定方式和手动设定方式两种。

1. 自动设定方式

在充电过程中，充电机依据电池管理系统提供的数据动态调整充电参数、执行相应动作，完成充电过程。

2. 手动设定方式

由操作人员设置充电机的充电方式、充电电压、充电电流等参数，在电动汽车与充电机连接正常且充电参数不超过电动汽车电池管理系统最大许可范围时，充电机根据设定参数执行相应操作，完成充电过程。充电机采用手动设定方式时，应具有明确的操作指示信息。

充电机采用高频开关电源模块，主要功能是采用脉冲宽度调制方式原理将交流电源变换为高品质的直流电源。模块由全波整流及滤波器、高频变换及高频变压器、高频整流滤波器等组成。

每个高频开关电源模块内部都具有监控功能，显示输出电压/电流值，当监控单元故障或退出工作时，高频开关电源模块停止输出电压。正常工作时，模块与直流充电机监控单元通信，接受监控单元的指令。

高频开关电源模块具有交流输入过电压保护、交流输入欠电压报警、交流输入缺相告警、直流输出过电压保护、直流输出过电流保护、限流及短路保护、模块过热保护及模块故障报警功能。模块具有报警和运行指示灯。任何异常信号都上报到监控单元。

充电机不同相位的两路或多路交流输入进线均匀接入充电机高频开关电源模块上，以实现脉波整流。高频开关电源模块具有带电插拔更换功能，具有软启动功能，软启动时间3~8s，以防开机电压冲击。充电机具有限压限流特性。充电机在恒流充电状态运行时，当输出直流电压超过限定值时，能自动限制其输出电压增加；充电机在稳压状态下运行时，当对蓄电池的充电电流超过电池的限定值或输出直流电流超过充电机总限定值时，能立即进入限流状态，自动限制其输出电流增加。

充电机采用智能充电技术，充电过程无须人工干预，严格按照蓄电池充电特性曲线进行充电，采用"恒流→恒压限流→涓流浮充"智能三阶段充电模式，避免过充电，可实现全自动切换。

三、充电功能

1. 采用智能三阶段充电模式

充电初期采用恒流技术，使充电电流恒定，避免损坏电池，加速电池的老化；充电电压达到上限电压时自动转换为恒压限流充电，有效地提高了蓄电池的容量转换效率；涓流浮充使各单体电池均衡受电，保证电池容量得以最大限度恢复，有效解决单体电压不均衡现象，避免了市电电压的变化和蓄电池充电末期造成的蓄电池过电压充电的危险，大大延长了蓄电池的使用寿命。

这种充电模式充电电流可在 10% 至额定值内任意设定，且不受输入交流电压变化的影响，在恒流充电期间电流维持不变，无须人为再调整。

2. 特殊功能数据转存和处理

充电结束后，采集的数据可经 U 盘转存或经 RS232 接口直接上传计算机，经配套的数据处理软件后台处理后，可自动生成各种图表，为判别整组电池的优劣提供了科学的依据。

注意：充电机启动、停电后恢复充电需人工确认。充电机具有急停开关。

四、监控功能

直流充电机监控单元具有完善的监控功能。

1. 模拟量测量显示功能

测量显示充电机交流输入电压、充电机输出电压/电流、各个高频电源模块输出电流等。监控单元电流测量精度在 20%~100% 额定电流范围内，其误差不超过 ±1%；电压测量精度在 90%~120% 额定电压范围内，其误差不超过 ±0.5%。

2. 控制功能

监控单元能适应充电机各种运行方式，能够控制充电机自动进行恒流限压充电→恒压充电→停止充电运行状态。

3. 告警功能

充电机交流输入异常、电源模块告警/故障、直流输出过/欠电压、直流输出过电流、充电机直流侧开关跳闸/熔断器熔断、充电机故障、充电机监控单元与充电站监控系统通信中断。发生故障时，监控单元应能发出声光报警，并以硬接点形式和通信口输出到监控系统。

4. 事件记录功能

监控单元能储存不少于 100 条事件。充电机告警、充电开始/结束时间等均有事件记录，能保存至少 20 次充电过程曲线，事件记录和曲线具有掉电保持功能。

5. 参数整定和操作权限管理

监控单元具有充电机参数整定和操作权限密码管理功能，任何改变运行方式和运行参数的操作均需要权限确认。

6. 对时功能

监控单元至少应满足 CPS（秒脉冲）、CPM（分脉冲）对时要求，宜能接受 IRIG-B（DC）码来满足对时要求，且 GPS 标准时钟的对时误差不大于 1ms。

五、显示输出功能

显示输出功能显示下列信息。
1) 电池类型、充电电压、充电电流、充电功率、充电时间、电能量计量和计费信息。
2) 在手动设定过程中显示人工输入信息。
3) 在出现故障时有相应的提示信息。
4) 可根据需要显示电池最高和最低温度。

六、通信功能

通信内容包括蓄电池组标识、蓄电池组类型、蓄电池组容量、蓄电池组状态、蓄电池组故障码、蓄电池组电压、蓄电池组充电电流、蓄电池组充电功率、蓄电池组充电时间、蓄电池组充电电能、单体电池电压、单体电池荷电、蓄电池温度等；充电机状态、充电机故障码、充电机交流侧开关状态、充电机直流输出电压、充电机直流输出电流、充电机直流侧开关状态、充电机直流侧开关跳闸。监控单元输出监控单元故障、充电机与监控系统通信中断等。后台监控系统输出充电机开/关机、充电机紧急停机、充电机参数设置等。

七、电动汽车智能充电及管理

电动汽车智能充电及管理系统能够实现对电池的检测、维护、保养，续驶里程估算，内阻检测估算，电能计费，联网监控，人机交互显示等功能，如图 5-3 所示。

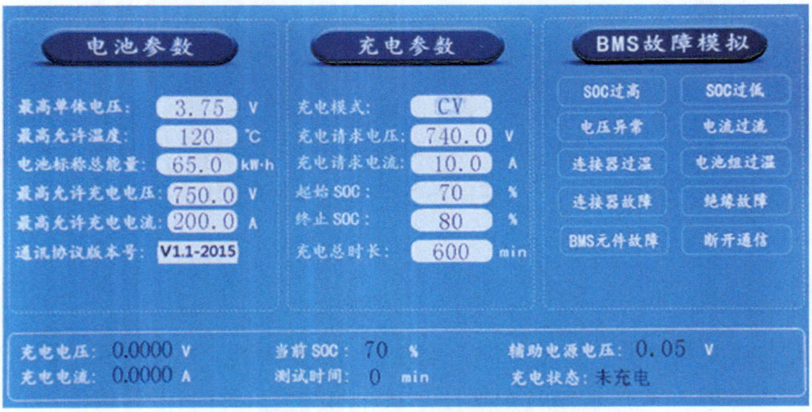

图 5-3 直流充电桩显示界面

1. 均衡充电

实现动态均衡充电功能，避免不平衡趋势恶化，提高电池组的充电电压，并对电池进行活化充电，有效延长电池使用寿命。

2. 内阻检测功能

智能电池单体检测、内阻检测技术，在线巡回检测每节单体电池状况，预测各节电池供电性能，及时发现劣化电池，立即报警，为电池组"精细"维护提供测量依据。

3. 除硫养护功能

抑制硫化产生，降低硫化速度，可使电池组的容量恢复到标称容量的 95% 以上，达到长期在线对电池进行除硫和修复的作用。

4. 电量计费功能

充电站输入电量、充电主机输入电量、输出电能总体计量；用户消费已充电量、计费单价、消费金额等存储、显示和统计。

5. 联网监控

通过 GPS、CAN 总线装置、载波通信，监控中心对充电主机、终端、充电桩进行远程控制，实时记录充电、配电、电池维护等监控数据，异常现象声控报警。并通过通信口输出到监控系统。

6. 续驶里程估算

对电动汽车车载电池的电压、内阻检测及电量容量进行估算，实时评估电量信息，同时估算续驶里程，避免车主遭遇电量用完的尴尬，方便用户出行。

7. 抗磁干扰

双绞屏蔽网络通信线，置于金属管中；超强滤波电路设计，严格执行通信协议，多重正确条件校验设置，全面差错校正。

8. 人机交互

触控数字液晶屏显示，语音提示，友好人机界面，显示 RFID 卡（选配）卡号、IC 卡卡号、计费单价、充电模式、充电电压、充电电流、已充电量、所剩余额、消费金额等，并打印单据，如图 5-4 所示。

图 5-4　充电桩的插卡端口和打印端口

知识点 03　传导式充电接口

一、充电接口形式

电动汽车传导式充电接口（Electric Vehicle Conductive Charge Coupler）。标准适用于交流额定电压最大值为 380V 和直流额定电压最大值为 600V 的电动汽车用传导式充电接口。

国标上规定了两种充电接口：一种是将交流供电电网连接到车载充电机上进行充电的交流充电接口；另一种是利用非车载充电机（充电桩）对电动汽车进行直流充电的接口。

带充电插头的电动汽车国家标准对插头和充电接口的材质、接触电阻、工作时额定电流、额定电压、插拔力、电气性能、防水等级、断开状态、充电状态、防松设置、及时断开等都做了规定。

二、充电模式和插头颜色

电动汽车充电模式有充电模式 1、充电模式 2、充电模式 3 三种，其中模式 1 和 2 使用的电源为交流，模式 3 使用的电源为直流。

1. 充电模式 1

充电枪为蓝色；使用车载充电机对电动汽车进行充电时，充电电缆通过符合 GB/T 2099.1—2021 要求的额定电流为 16A 的插头插座与交流电网进行连接。其额定电压和额定电流应符合要求。交流充电接口端子连接方式为 L1+N+PE+CP+CP。

2. 充电模式 2

充电模式 2 在商场、停车场等通过特定的供电设备为电动汽车提供交流电源。根据额定电压和额定电流的不同，将充电模式 2 具体分为如下三种模式。

模式 2.1：充电枪为黄色，采用单相 220V 交流、电流 32A，交流充电接口端子连接方式为 L1+N+PE+CC+CP。

模式 2.2：充电枪为橙色，采用三相 380V 交流、电流 32A，交流充电接口端子连接方式为 L1+L2+L3+N+PE+CC+CP。

模式 2.3：充电枪为红色，采用三相 380V 交流、电流 63A，交流充电接口端子连接方式为 L1+L2+L3+N+PE+CP+CP。

3. 充电模式 3

充电枪为红色；使用非车载充电机对电动汽车进行直流充电，其额定电压为 DC600V、额定电流为 300A，用于高速公路服务区、充电站等。充电接口端子连接方式为 L1+L2+L3+N+PE+CP+CP。

在充电插头的明显区域（如锁紧装置的控制按钮表面）应用不同颜色来表示不同的充电模式。

在供电装置一侧须安装漏电流保护装置；建议在供电装置一侧安装手动或自动断路器。出于安全考虑，在充电接口连接过程中，首先连接保护接地端子 PE，最后连接控制确认端子 CP。在断开的过程中，首先断开控制确认端子 CP，最后断开保护接地端子 PE。

三、符号标志

Hz	赫［兹］
~ 或 a.c.	交流电
═ 或 d.c.	直流电
L1、L2、L3	交流电源
N	中线
⏚ 或 ⏛ 或 PE	保护接地
DC+	直流电源正或电池正极
DC-	直流电源负或电池负极
CP	控制确认 1
PP	控制确认 2
S+	充电通信 CAN-H
S-	充电通信 CAN-L
▽	充电通信 CAN 屏蔽
A+	低压辅助电源正（如：12/24V+）
A-	低压辅助电源负（如：12/24V-）
IP ××（有关数字）	IP 代码（GB 4208 规定的防护等级）
CM31	充电模式 3-1
CM32	充电模式 3-2

四、交流充电接口

交流充电接口包含七个端子，插头和插座的各个端子布置方式如图 5-5 所示。

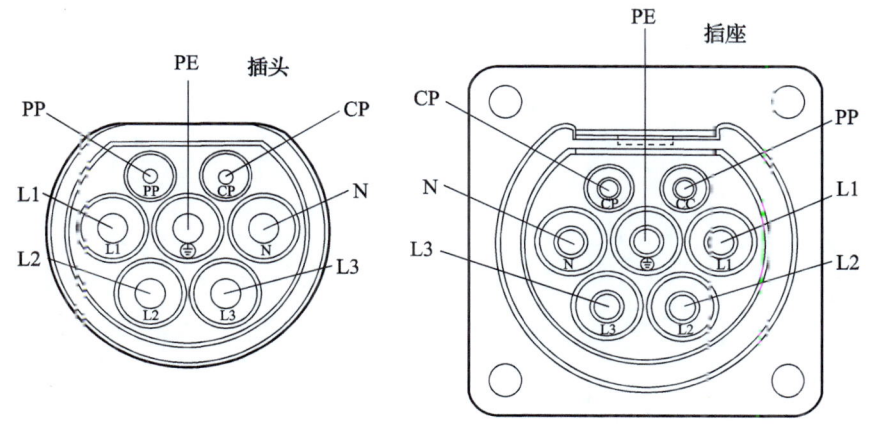

图 5-5　交流充电接口插头和插座端子布置图

交流充电接口端子功能定义：L1、L2、L3 为三相交流电，N 为中线，PE 为保护接地，CC 为充电枪连接唤醒汽车端充电控制单元（可以是 BMS，也可以是辅助充电模块），CP 由充电机流入汽车端充电控制单元的导引脉冲信号，汽车端充电控制单元通过此线可实现对交流充电桩的控制。

交流充电接口界面如图 5-6 所示。

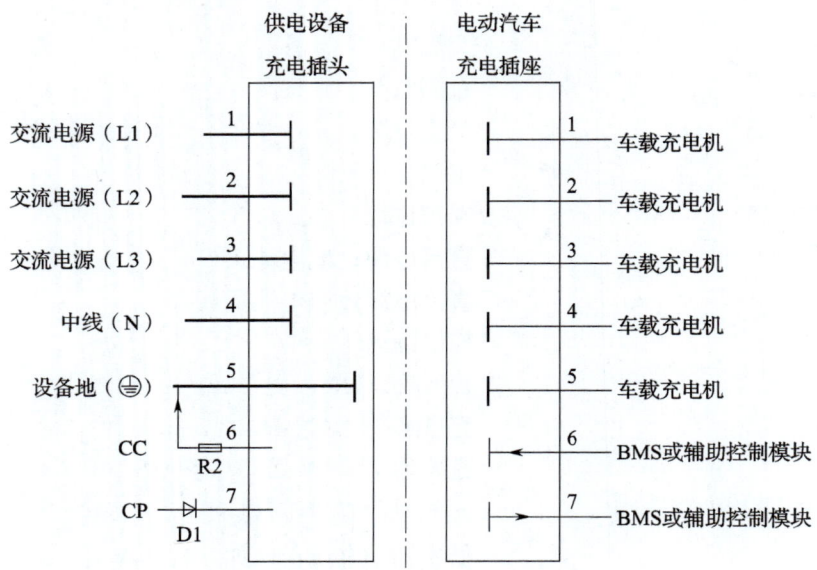

图 5-6　交流充电接口界面示意图（注意箭头方向）

五、直流充电接口

CM31（充电模式 3.1）直流充电接口包含 8 个端子，各个端子的布置方式如图 5-7、图 5-8 所示。直流充电接口端子功能定义见表 5-2。

CM32（充电模式 3.2）直流充电接口各个端子的布置方式和端子功能定义与 CM31 相同。

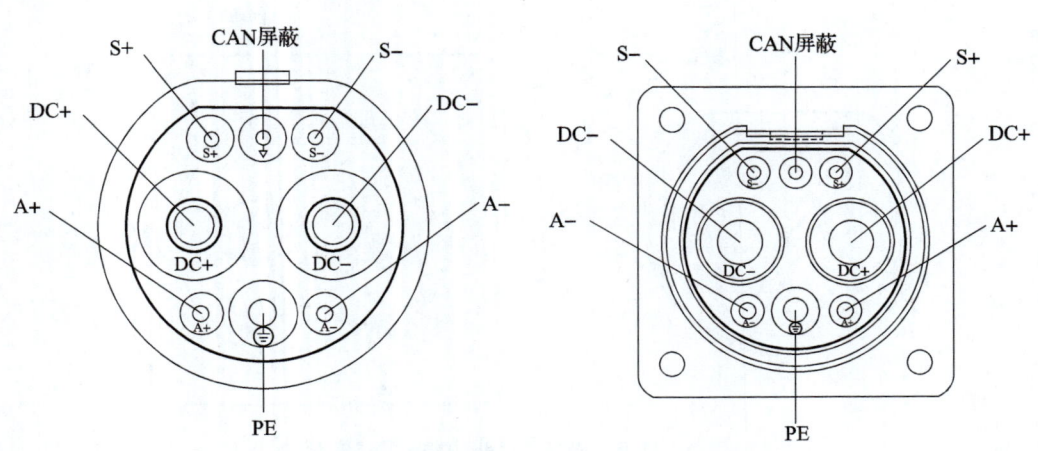

图 5-7　CM31 直流充电接口插头和插座布置图

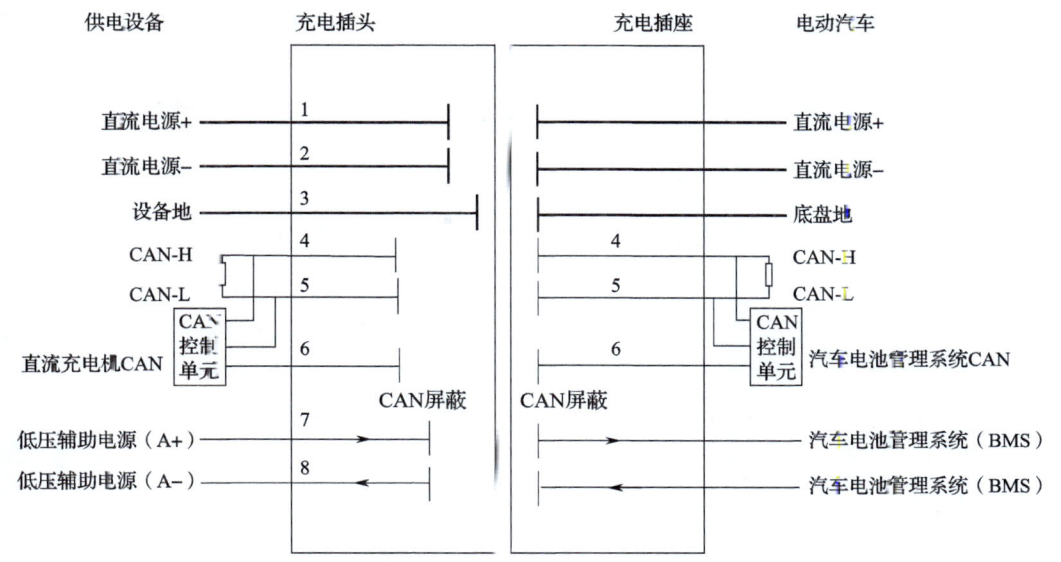

图 5-8 CM31 直流充电接口插头和插座界面示意图（注意箭头方向）

表 5-2 CM31（充电模式 3.1）直流充电接口端子功能定义

端子编号 / 功能	功能定义
1- 直流电源正（DC+）	连接直流电源正与电池正极
2- 直流电源负（DC-）	连接直流电源负与电池负极
3- 保护接地（PE）	在供电设备地线和车辆底盘地线之间设置的触点。在充电接口连接和断开时，该触点相对于其他触点首先完成连接并最后完成断开
4- 充电通信 CAN-H（S+）	非车载充电机与电动汽车相关控制系统进行通信
5- 充电通信 CAN-L（S-）	非车载充电机与电动汽车相关控制系统进行通信
6-CAN 屏蔽（▽）	CAN 通信用屏蔽线
7- 低压辅助电源（A+）	非车载充电机为电动汽车提供低压辅助电源正
8- 低压辅助电源（A-）	非车载充电机为电动汽车提供低压辅助电源负

六、充电接口工作原理

1. 端子连接顺序

出于安全考虑，在充电接口连接过程中，端子连接顺序为：保护接地 PE，直流电源正 DC+ 与直流电源负 DC-，电池管理系统的低压辅助电源正 A+ 和低压辅助电源负 A-，充电通信 CAN 总线；在脱开的过程中则顺序相反。

2. 确认充电接口的连接

电动汽车的车辆控制装置能够通过测量检测点的峰值电压判断充电插头与充电插座是否已充分连接。电流容量的判断是车辆控制装置通过测量检测点 2 的电压值来确认充电电缆的额定电流，并通过判断该点的占空比确认当前供电设备能提供的最大电流值。电动汽车的车辆控制装置对供电设备、充电电缆及车载充电机电流值进行比较后，按照其中的最小电流值对电动汽车进行充电。

3. 输出功率调整

充电过程中输出功率的调整是车辆控制装置对检测点 2 信号的占空比进行不间断的监测，当接收的振荡信号占空比有变化时，车辆控制装置实时调整车载充电机的输出功率。

4. 充电系统的停止

充电系统的停止是在充电过程中，车辆控制装置不间断测量检测点 2 的峰值电压或占空比，如果信号异常，车辆控制装置立即关闭车载充电机的输出。供电设备在充电过程中不间断测量检测点 1 的峰值电压，如果信号异常则断开交流输出端的接触器或开关。

在供电设备无故障情况下，其内部开关为常闭状态。当使用充电电缆将供电设备与电动汽车连接完毕后，供电设备通过测量检测点 1 的峰值电压判断充电电缆是否连接完毕。当供电设备接收到启动信号（如刷卡等）后，闭合其交流输出端的接触器或开关，为电动汽车的车载充电机进行供电。

电动汽车的车辆控制装置通过测量检测点 2 的峰值电压判断充电插头与充电插座是否已充分连接。

5. 充电系统的启动

在电动汽车和供电设备建立电气连接后，车辆控制装置通过测量检测点 2 的峰值电压，确认充电电缆的额定电流及电阻 R2 的阻值与充电电缆额定电流的对应关系。车辆控制装置通过判断该点的占空比确认供电设备当前能够提供的最大充电电流值。车辆控制装置对供电设备、充电电缆及车载充电机三者的额定电流值进行比较，将其最小值设定为当前最大允许供电电流。当判断充电接口已充分连接并设置完当前最大允许充电电流后，车载充电机开始对电动汽车进行充电。

在整个充电过程中，供电设备不间断地检查充电接口的连接状态及供电设备的功率变化情况。车辆控制装置不间断地测量检测点 2 的峰值电压及占空比。当占空比有变化时，车辆控制装置实时调整车载充电机的输出功率。

6. 充电系统的故障停止

在整个充电过程中，检测点 2 的信号（电压及占空比）出现异常时，车辆控制装置立即关闭车载充电机输出，停止充电。供电设备在充电过程中不间断测量检测点 1 的峰值电压，如果信号异常则断开交流输出端的接触器或开关。

7. 特殊模式充电

在充电模式 1 中，充电电缆上可配备占空比固定为 20% 的振荡电路装置作为控制导引电路。如果供电设备没有配备振荡电路装置，电动汽车在判断充电电缆完全连接后，可以按照充电模式 1 规定的额定电流进行充电。

此过程交流供电装置一侧应安装手动或自动断路器，其判断步骤如下。

1）用充电电缆将车载充电机连接到交流电网。

2）车辆控制装置在初次上电后的一定时间内（如5s）没有接收到振荡器的振荡信号，闭合特殊模式开关S2后判断充电接口是否已完全连接（检测点2电压小于2V/4V为已连接，等于12V/24V为未连接）。

3）车辆控制装置判断充电接口已完全连接后，可控制车载充电机按照充电模式1规定的额定电流对电动汽车进行充电。

4）车辆控制装置在充电过程中不间断监测充电接口连接状态，一旦发现异常立即关闭车载充电机。

8. 直流充电接口带载插拔保护原理

在充电过程中，如果没有严格的保护控制措施，直流充电接口的带载插拔会对操作人员造成伤害。因此，需要电动汽车的电池管理系统与非车载充电设备相互协调并在充电逻辑上加以控制，从而保证充电接口在插拔过程中不带负载分断。

保护原理是充电接口的插头分别设有相对应的通信端子、直流输出端子及低压辅助电源端子。拔开充电接口时，端子的断开顺序为：通信端子，低压辅助电源端子，直流输出端子。

电池管理系统（BMS）与非车载充电设备（充电桩）在充电过程中的控制逻辑顺序如下。

1）充电设备通过低压辅助电源端子向电动汽车的电池管理系统供电。

2）电池管理系统与非车载充电设备进行通信。

3）在完成握手阶段、配置阶段后，非车载充电设备开始对电动汽车进行充电。

4）充电过程中，如果100ms内非车载充电设备没有收到电池管理系统周期发送的充电级别需求报文，非车载充电设备立即关闭输出。

5）充电过程中，如果低压辅助电源端子断开，应有断路接触器切断直流充电回路。

知识点 04 随车充电枪充电原理认知

一、随车充电枪

随车充电枪有两种：一种是单相供电的充电枪，没有功能盒（图5-9）；另一种是带有功能盒的单相供电的充电枪（图5-10）。

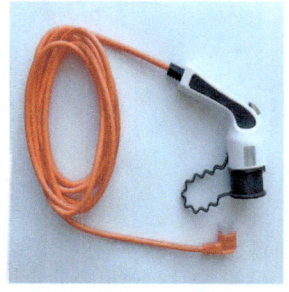

图 5-9　没有功能盒的单相供电的充电枪　　图 5-10　带有功能盒的单相供电的充电枪

二、不带功能盒的随车供电枪充电原理

如图 5-11 所示,这种不带功能盒的随车供电枪,没有自动断电功能。检测点 3 用于车辆控制装置检测车辆外部是否插入了充电枪。

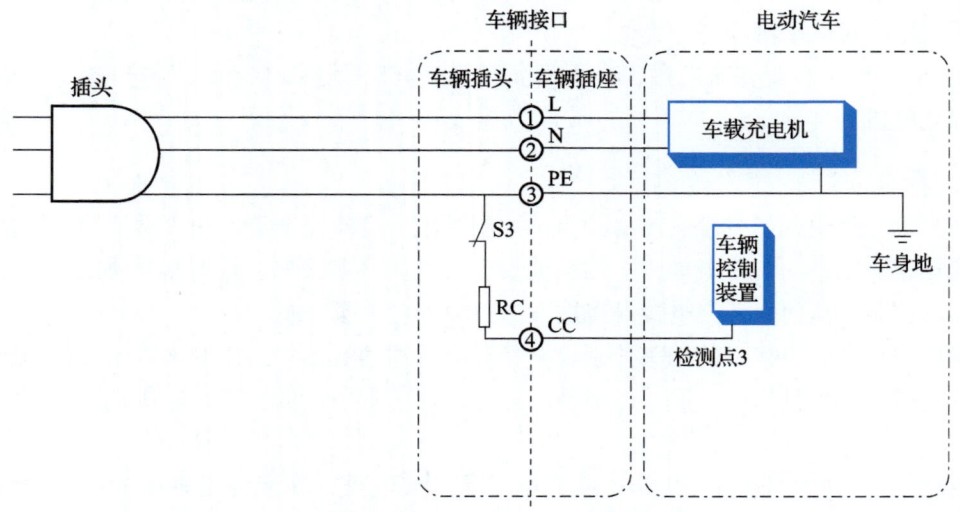

图 5-11　不带功能盒的随车供电枪

三、带功能盒的随车供电枪充电原理

这种带有功能盒的随车供电枪,原理如图 5-12 所示,CP 有自动断电功能。

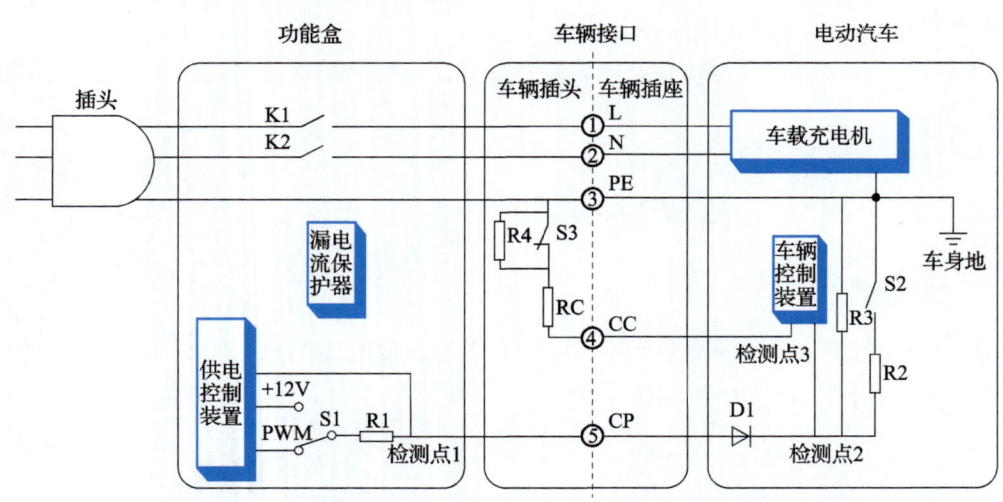

图 5-12　带功能盒的随车供电枪

1)检测点 1 用于给功能盒内部的供电控制装置提供反馈信号,S1 为电子开关,是 CP 的电流流出端。

2)检测点 2 用于给车辆控制装置提供反馈信号,S2 为电子开关。正常充电时 S3 电子开关闭合,电池管理系统发现充电异常时将 S3 电子开关断开,检测点 1 信号发生变化,

控制供电控制装置。

3）检测点 3 用于车辆控制装置检测车辆外部是否插入了充电枪。

车辆控制装置从 CC 输出 12V 电压，充电枪插入后，充电枪内部有按压开关 S3、R4 电阻可以检测线路是否通断。

知识点 05　交流充电桩原理

一、交流充电桩类型

交流充电桩布置在学校、停车场、商业圈广场等，由于在露天布置，无人管理，必须保证供电安全。保证供电安全的方法是在充电枪插到交流充电桩后，交流充电桩内部的继电器闭合工作，才向外输出交流电。即不插充电枪时，交流充电桩对外的接口是没有电能输出的。

交流充电枪上有充电用的机械锁孔，在充电时，车辆侧的充电座内一个减速电机伸出一根金属杆插入此孔阻止在充电过程中人为拔下充电枪，解锁依靠驾驶人手中的钥匙，同时减速电机缩回解除充电枪的锁止。

交流充电桩分为带枪充电桩（图 5-13）和不带枪充电桩（图 5-14）两种类型，不带枪的交流充电桩需要车主配有双头枪才能在充电桩上取电。

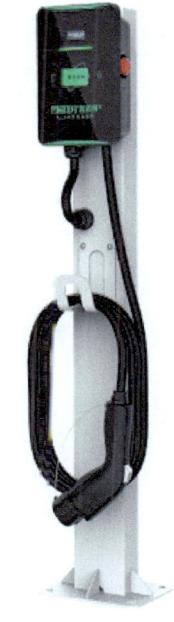

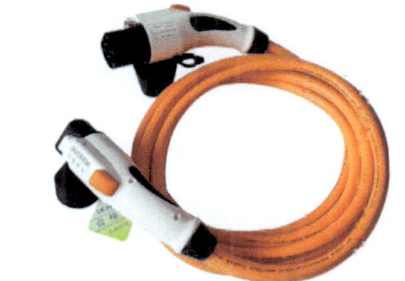

图 5-13　带枪交流充电桩　　图 5-14　不带枪的交流充电桩（需车主自带双头枪）

二、带枪交流充电桩充电连接原理

这种供电设备上自带充电枪，不用车主自带双头充电枪，CP 有自动断电控制功能，原理如图 5-15 所示。

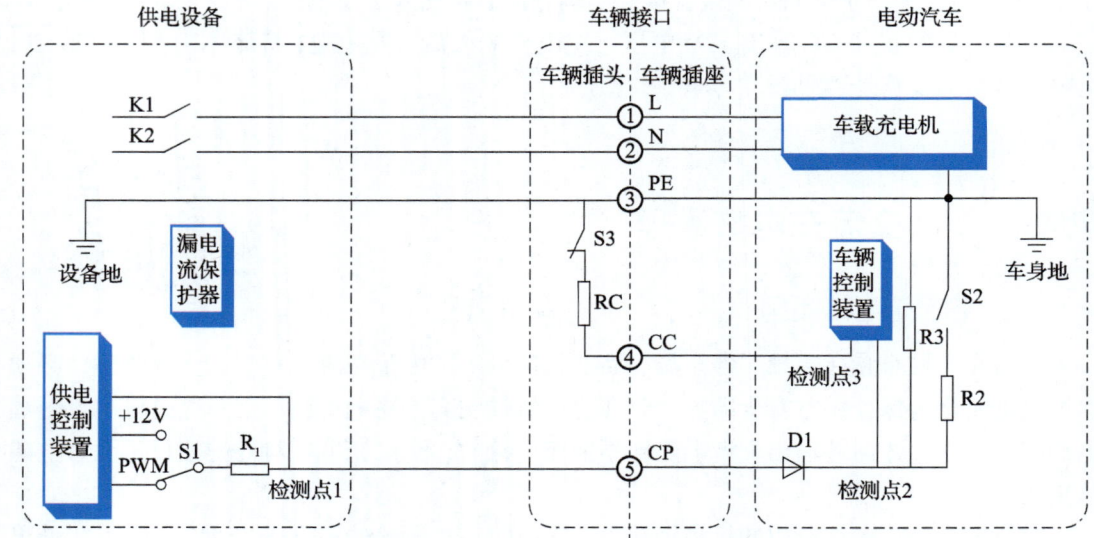

图 5-15　带枪交流充电桩基本原理（不需要车主自带双头枪）

1. 检测点 1

用于给供电控制装置提供反馈信号，S1 为电子开关，是 CP 的电流流出端。

2. 检测点 2

用于给车辆控制装置提供反馈信号，S2 为电子开关。正常充电时 S3 电子开关闭合，电池管理系统发现充电异常时将 S3 电子开关断开，检测点 1 信号发生变化，控制供电控制装置。

3. 检测点 3

用于车辆控制装置 CC 端识别插座是否被插上了充电枪，车辆控制装置从 CC 输出 12V 电压，充电枪插入后，充电枪内部有按压开关 S3，S3 开关为常闭型开关，按下充电枪按钮后 S3 开关断开，充电枪插牢固后，释放此开关，再检测 CC 线路是否通断，从而确定充电枪连接正常。

三、不带枪交流充电桩充电连接原理

这种供电设备上不带随车充电枪，需要车主自带双头枪，CP 有自动断电控制功能，其原理如图 5-16 所示。

1. 检测点 1

用于给供电控制装置提供反馈信号，S1 为电子开关，是 CP 的电流流出端。

2. 检测点 2

车辆控制装置在检测点 2 测得的占空比数值大小用来确认当前供电装置的最大供电电流。

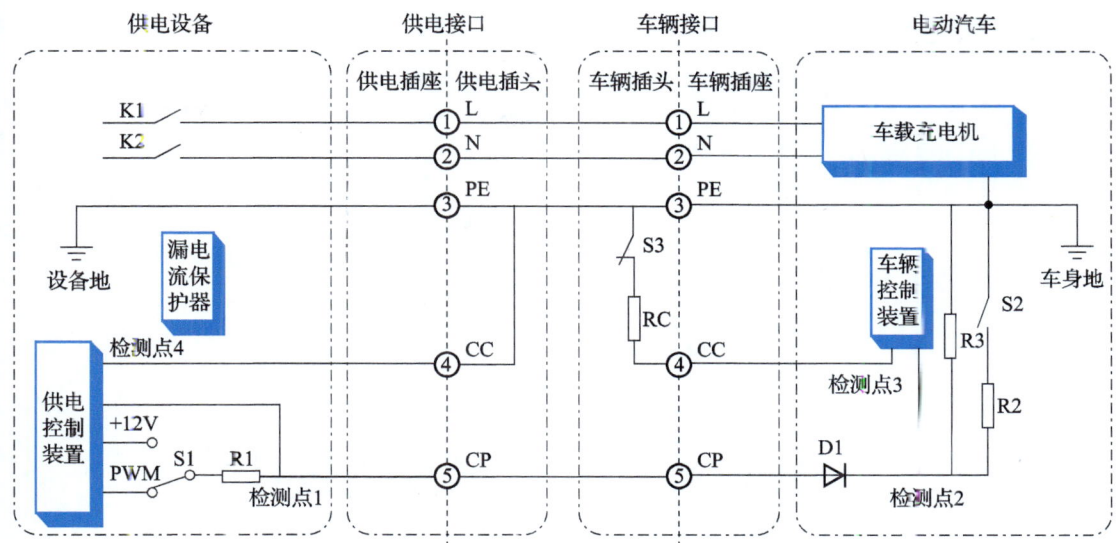

图 5-16　不带枪的交流充电桩基本原理（需要车主自带双头枪）

检测点 2 用于给车辆控制装置提供反馈信号，S2 为电子开关。正常充电时 S3 电子开关闭合，电池管理系统发现充电异常时将 S3 电子开关断开，检测点 1 信号发生变化，控制 K1 和 K2 继电器断开。

3. 检测点 3

用于车辆控制装置 CC 端识别插座是否被插上了充电枪，RC 的大小决定了当前充电连接装置电缆的额定容量。车辆控制装置从 CC 输出 12V 电压，充电枪插入后，充电枪内部有按压开关 S3，S3 开关为常闭型开关，按下充电枪按钮后 S3 开关断开，充电枪插牢固后，释放此开关，再检测 CC 线路是否通断，从而确定充电枪连接正常。

4. 检测点 4

用于供电设备 CC 检测车辆外部是否插入了充电枪。

四、交流充电桩功能

交流充电桩功能有漏电断电、过流断电、急停、柜门打开停充、接触器状态监测、导引信号 CP 连接状态监测、柜体倾斜或进水状态监测、电磁锁状态监测。其中柜体倾斜、柜体进水状态、电磁锁状态监测功能早期可能不安装。

符合国标的连接导引在桩与车没有完全连接好、接触不良、意外脱离时能及时断开电源。有的插座选配一套电磁锁，可保证在充电时将插座与插头锁止而不能拔出以增加安全性。

一般设计上会有 4 个开关量输出控制点，用于接触器控制、CP 寻引信号输出、充电枪头和插座的电磁锁控制、漏电模拟测试/非常紧急停止控制（其中电磁锁早期充电桩没有安装）。另有 4 个开关量灯控制输出点，用于控制照明 LED 及红、黄、绿信号 LED。

五、交流充电桩基本原理

图 5-17 所示是交流充电桩的工作原理,其工作原理如下。

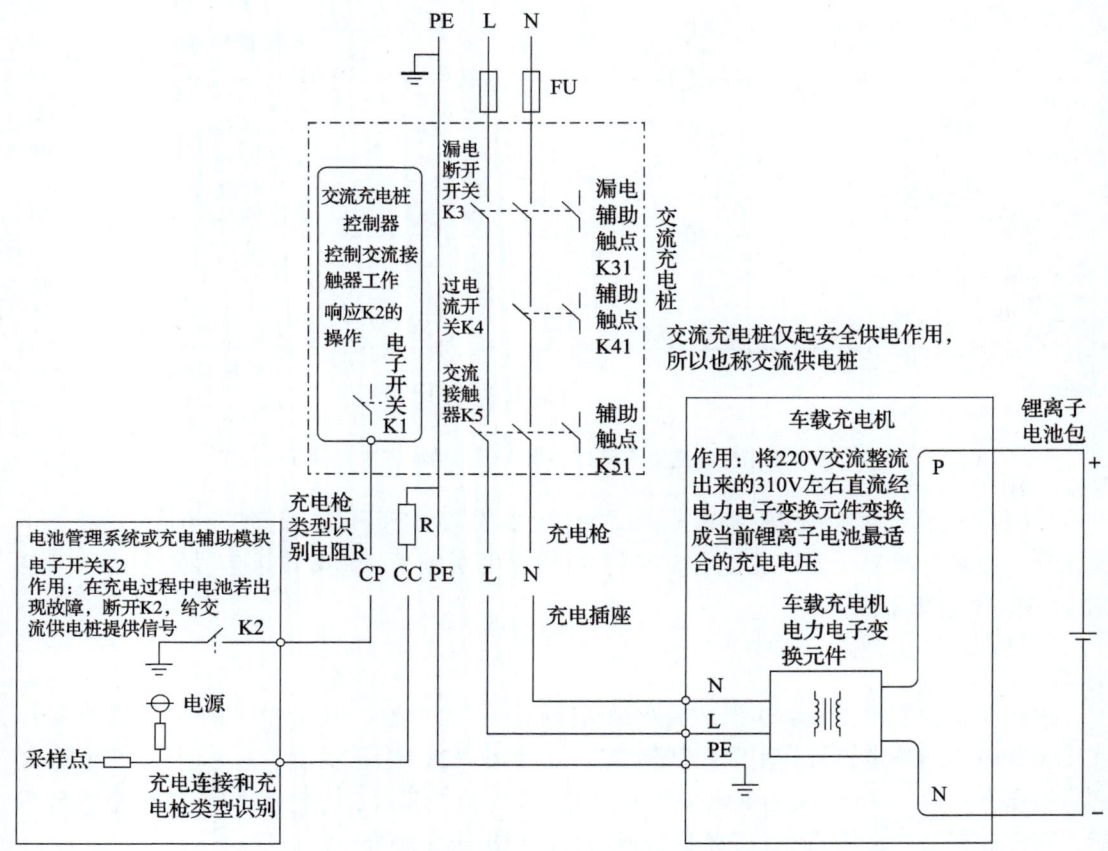

图 5-17　交流充电桩的工作原理

1. 充电连接及通信连接

当交流充电桩上的充电枪插到车上的充电插座时,电池管理系统(BMS)检测到 CC 线路通过电阻 R 接地,采样点电位降低,识别充电枪连接。电池管理系统检测没有故障时,闭合电子开关 K2。充电桩内发出的 1kHz、40% 占空比的 ±12V 导引脉冲信号经 CP 线及电子开关 K2 形成电池管理系统与交流充电桩的通信回路。

2. 交流供电

交流充电桩检查自身是否有故障,如果没有故障,则接通交流接触器 K5。交流供电电路由 L、N 两条导线,经漏电断开开关 K3 →电流限制开关 K4 →交流接触器 K5 给车载充电机供电。PE 保护地线使车身与车外交流供电桩的壳体等电位。

六、其他说明

1. 漏电断开开关 K3

此开关断开有两个条件:一是过大的电流,一般过电流故障此开关不会断开,故选择额定电流150%的电流（50A左右）；二是漏电检测电流大于限值，30mA以下的漏电电流此开关就能断开。辅助开关K31提供K3开关动作的报警信息。

2. 电流限制开关 K4

该开关主要应对故障性浪涌或短路，在回路出现小于125%过电流时由弱电系统读取电能表的电流值发出过电流报警或断开接触器（由于通信、判断、执行会有一定的延时，故只限制在回路允许的范围内使用），当回路出现大于125%过电流（40A左右）或短路的大电流过载时该开关可以实时分断故障。辅助开关K41提供该开关动作的报警信息。

3. 交流接触器 K5

K5是控制充电/停止的可控开关，它由弱电系统控制，并由SM辅助开关对其动作状态进行检测。

4. 急停按钮

急停按钮的电磁线圈通以220V交流电，电磁线圈介入工作需要弱电继电器进行控制。急停按钮ES上侧开关为系统提供该按钮的状态信息。

5. 充电插座

为防止充电时人为带载拔出插头的危险动作，交流供电桩和双头充电枪配合时有一个机械锁扣可防止意外拔出。

知识点 06　直流充电桩原理认知

一、直流充电桩简介

图5-18为直流充电桩实物图。直流充电桩通过内部AC-DC充电模块，将交流电转换成直流电，给电动汽车内的动力蓄电池充电。功率等级：单枪30kW或60kW，双枪120kW（两个60kW）；输出电压等级：DC200~450V乘用车、DC300~750V商用车、DC200~750V通用型。

图5-18　直流充电桩

二、直流充电桩充电口

如图5-19所示，直流充电枪接口由9根线组成，分别是：

1. 直流电源线路

DC+、DC-，直流充电桩通过这2根线给电动汽车充电。

2. 设备地线 PE

PE用于实现汽车车身和直流充电桩等电位。

3. 充电通信线路

S+、S-，CAN 总线的一种写法，用于实现汽车 BMS 控制器与充电桩控制器通信。

4. 充电连接确认线路

CC1、CC2，用于实现充电插头插入插座连接完好。

5. 低压辅助电源线路

A+、A-，用于在汽车 12V 蓄电池不能工作时保证给汽车上的控制器供电（如为 BMS 等控制器和继电器供电）。

图 5-19　直流充电枪接口

三、充电控制流程

图 5-20 所示为充电的控制流程。

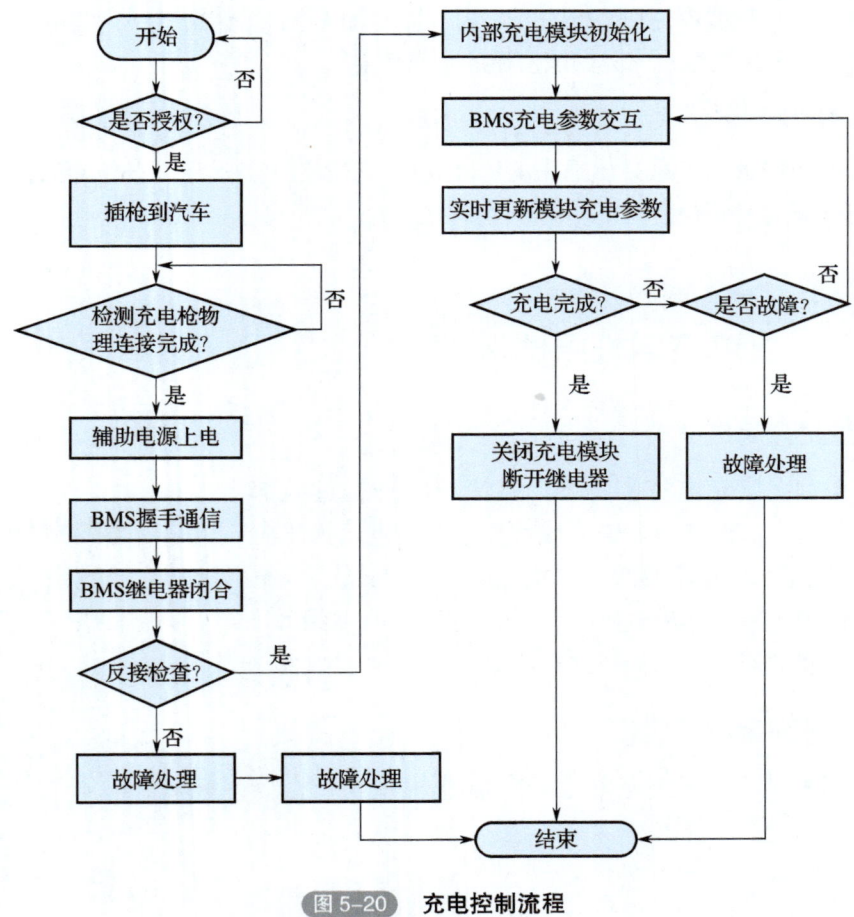

图 5-20　充电控制流程

电池没有故障时，其充电流程如下：由充电桩管理部门发卡给要充电的用户，用户在充电机界面扫描授权，管理中心识别出卡的类型、用户名等；授权通过后，用户插充电枪到电动汽车的充电插座上，进行充电枪的连接确认。确认连接后，充电桩内部的辅助电源给汽车上的电池供电，防止汽车上的蓄电池电量不足或充电过程中出现电量不足。电池管理系统（BMS）被上电后，先与充电机控制器通信，控制直流充电隔离继电器闭合。充电机控制器初始化后，电池管理系统将汽车的电池类型、电压、温度以及是否有故障等信息传递给充电机控制器，充电机控制器通过充电控制模块输出适合当前电池类型和状态的充电模式。

技术指导 直流充电隔离继电器在北亚迪 E6 高压配电箱内的 DC+ 有一个，DC- 与负极主继电器共用；在北汽 EV160 电子分配单元内 DC+、DC- 各有一个，与负极主继电器不共用；在吉利 EV300 中这个继电器在电池箱内 BMS 控制单元下部的高压配电箱内，DC+ 有两个，其中一个带快充预充功能、DC- 与负极主继电器共用。

四、直流充电桩结构组成

图 5-21 所示为直流充电桩的结构组成。直流充电桩由充电模块、12V 开关电源、24V 开关电源、充电桩控制器、直流绝缘检测计量模块、智能电表、散热风扇等组成。其核心结构是充电模块和充电桩控制器。

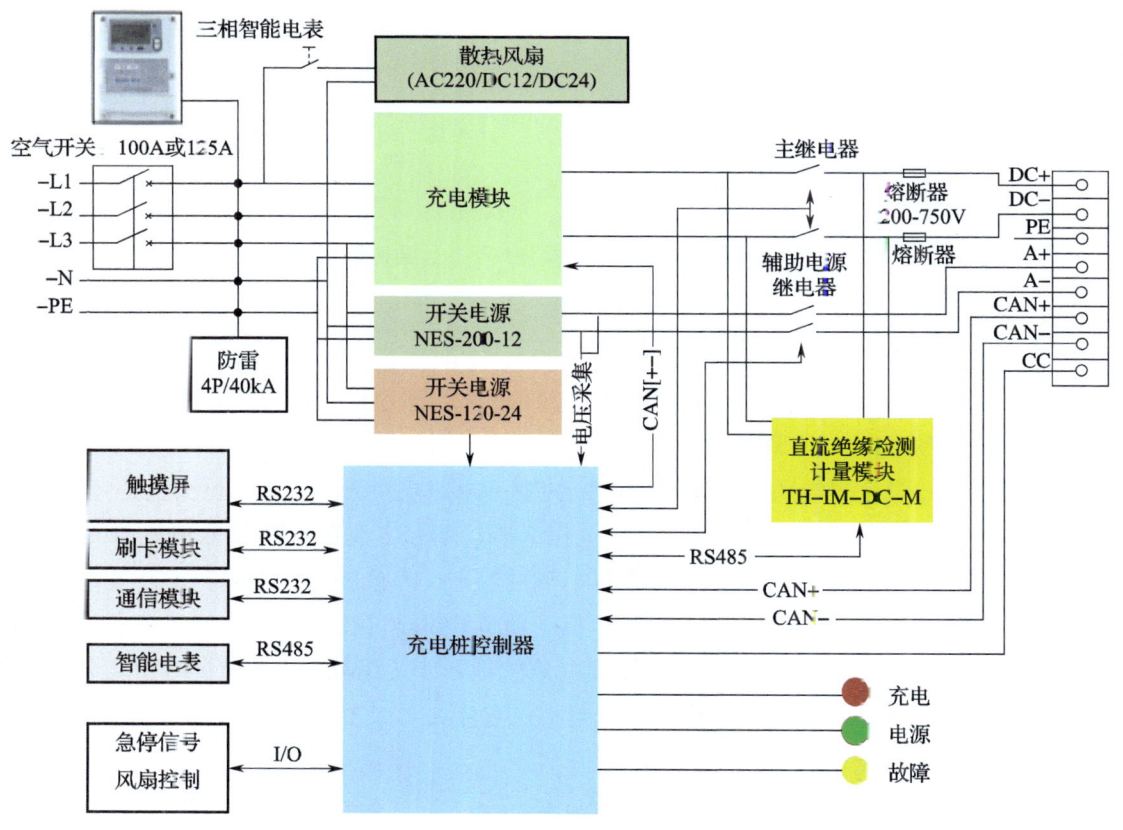

图 5-21　直流充电桩结构示意图

五、直流充电模块

直流充电机（桩）的充电功率很大，一般在几十千瓦到上百千瓦，直接由一个充电模块来完成这么大的充电功率是不可能的,所以充电桩内有多个直流充电模块并联。实际上直流充电桩根据对外输出功率大小有不同的充电模块数目,比如 8 个模块。如何研发体积小、重量轻、效率高的充电桩也是摆在电动汽车发展面前的一项技术,减少充电模块的数量将是直流充电桩技术发展的一种象征。

直流充电模块由功率因数模块、DC/AC 逆变模块、高频变压器、AC/DC 整流模块、控制模块、CAN 通信控制模块、保护电路几部分组成。

其工作原理如图 5-22 所示,这里以一个充电模块为例给大家做简单介绍。三相电 L1、L2、L3 经过有源功率因数校正(Active Power Factor Correction,APFC)后输出直流电,DC/AC 将直流电变换为交流电后通过 AC/DC 升压或降压(升压或降压取决于汽车中电池的电压是低于 380V,还是高于 380V)。图中是一个直流充电模块的输出,直流充电桩需要多个这样的模块并联输出到图 5-23 所示的 K1、K2 开关上。

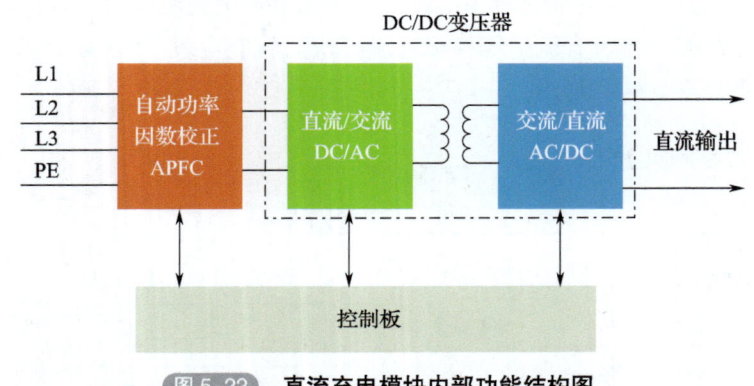

图 5-22　直流充电模块内部功能结构图

六、直流充电桩工作原理

如图 5-23 所示,左侧是非车载充电机(即直流充电桩),右侧是电动汽车,二者通过充电桩上的充电枪与车辆插座相连。图 5-23 中的 S(Swith)开关是充电枪上的一个常闭开关,与直流充电枪头上的按键(即机械锁)相关联,当按下充电枪头上的按键,S 开关即打开。图中的 U_1、U_2 是一个 12V 上拉电压,R1~R5 是阻值都是标称为 1kΩ 的电阻,R1、R2、R3 在充电枪上,R4、R5 在车辆插座上。车辆控制装置在汽车上指电池管理系统(BMS),非车载充电机控制装置指直流充电机的控制器。K3、K4 左侧是 12V 直流电源,用于给汽车上的 12V 用电器如电池管理系统(BMS)、直流隔离继电器(图中 K5、K6)等供电,防止在汽车 12V 蓄电池电量不足时或在充电过程中出现因电量不足而不能充电。

1. 车辆接口连接确认阶段

如图 5-24 所示,按下枪头按键,插入车辆插座,再放开枪头按键。充电桩内部的非车载充电机控制装置可检测到检测点 1 的电平变化。检测点 1 电平会从 12V 至 6V 至 4V 连续变化,即充电枪未插入汽车上充电插座时 CC1 未接地,R4 无电流流过,同时充电枪

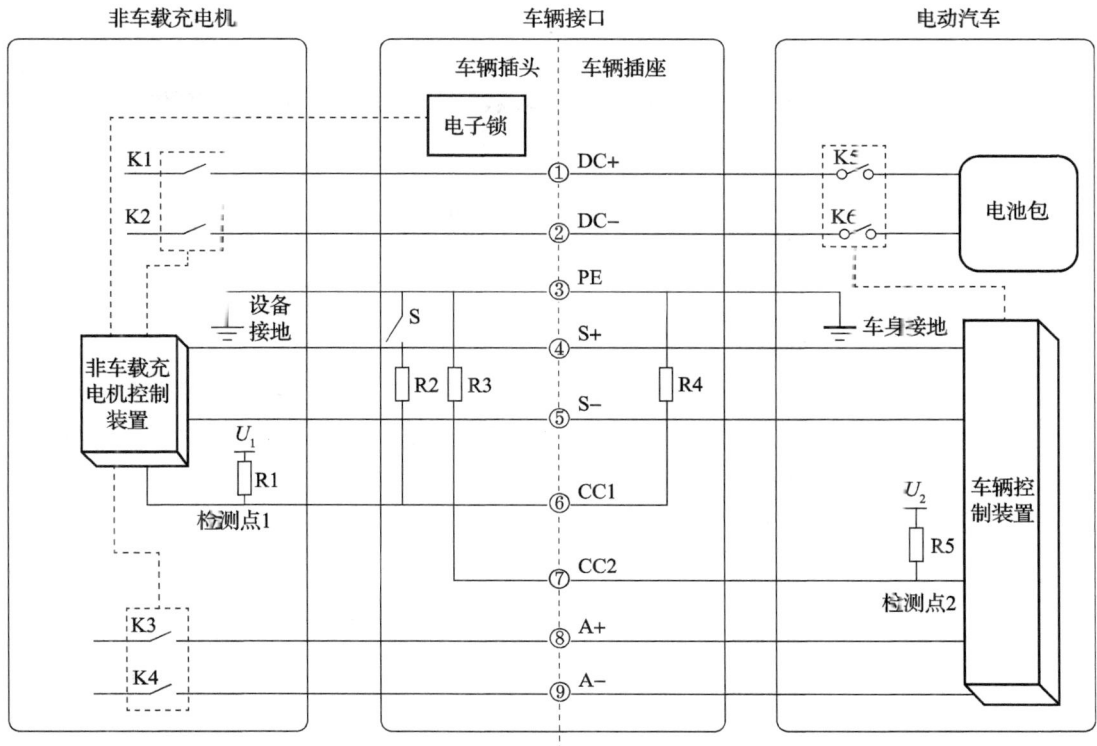

图 5-23　直流充电机模型（参考 ZLG 致远电子）

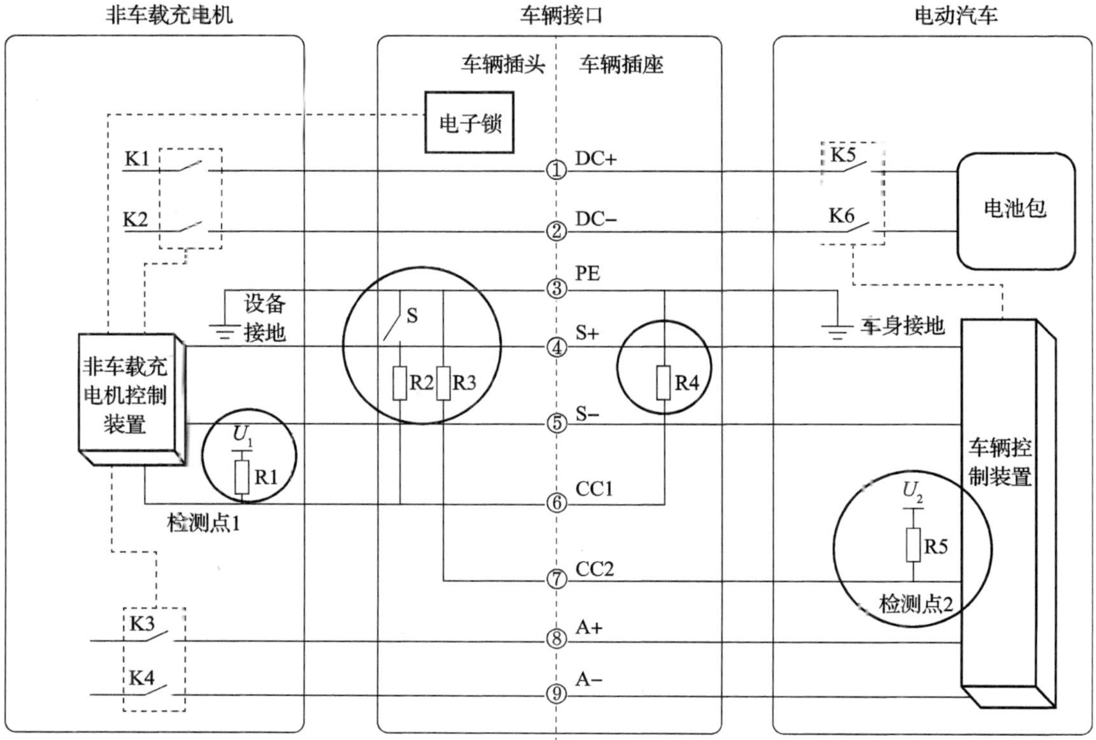

图 5-24　车辆接口连接确认阶段（参考 ZLG 致远电子）

的 S 开关断开，R2 无电流流过，这时检测点 1 为 12V。当充电枪插入充电插座，CC1 接通 R4 有电流流过时，检测点 1 为 6V。当放开枪头按键时，R2 和 R4 并联为 0.5kΩ，R1 为 1kΩ，所以检测点 1 电压为 4V。充电桩的非车载控制装置一旦检测到 4V 电压，充电桩即判断充电枪插入成功，车辆接口完全连接，并将充电枪中的电子锁（若配有此装置）进行锁定，防止枪头脱落。

同时，CC2 接通 R3 和 R5 串联分 12V 电压，检测点 2 的电压为 6V，电池管理系统（BMS）判断充电枪插入充电插座中。

2. 直流充电桩自检阶段

如图 5-25 所示，在车辆接口完全连接后，充电桩将闭合 K3、K4 继电器开关，使 12V 低压辅助供电回路导通，为电动汽车控制装置电池管理系统（BMS）供电。车辆电池管理系统（BMS）得到供电后，将根据检测点 2 的电压判断车辆接口是否连接，若电压值为 6V，则汽车电池管理系统（BMS）开始周期发送通信握手报文，接着闭合 K1、K2 继电器，进行绝缘检测，即检测 DC+、DC−、PE 之间线路的绝缘性能，保证后续充电过程的安全性。绝缘检测结束后，将连接泄放回路泄放能量，并断开 K1、K2，同时开始周期发送通信握手报文。

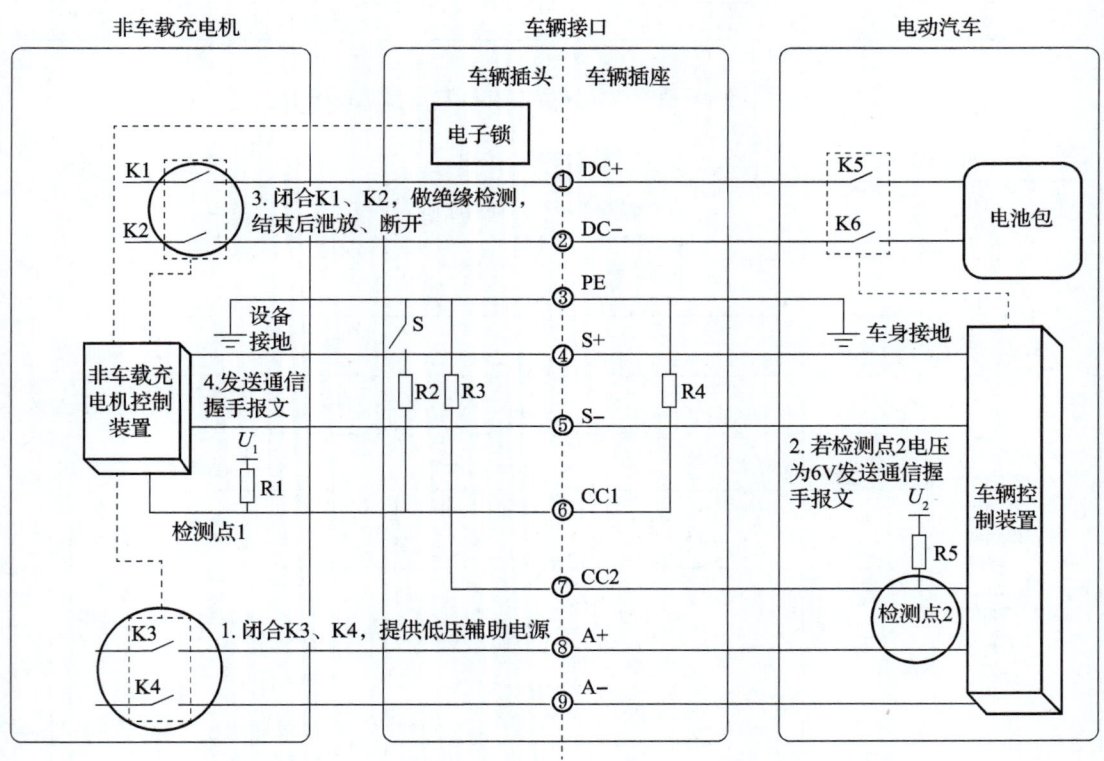

图 5-25　直流充电桩自检阶段（参考 ZLG 致远电子）

3. 充电准备就绪阶段

如图 5-26 所示，接下来就是电动汽车与直流充电桩相互配置的阶段，车辆控制 K5、

K6闭合，使充电回路导通，充电桩检测到车辆端电池向左侧流出的电压正常（电压与通信报文描述的电池电压误差≤±5%，且在充电桩输出最大与最小电压的范围内）后闭合K1、K2继电器开关，直流充电线路导通，电动汽车开始充电。

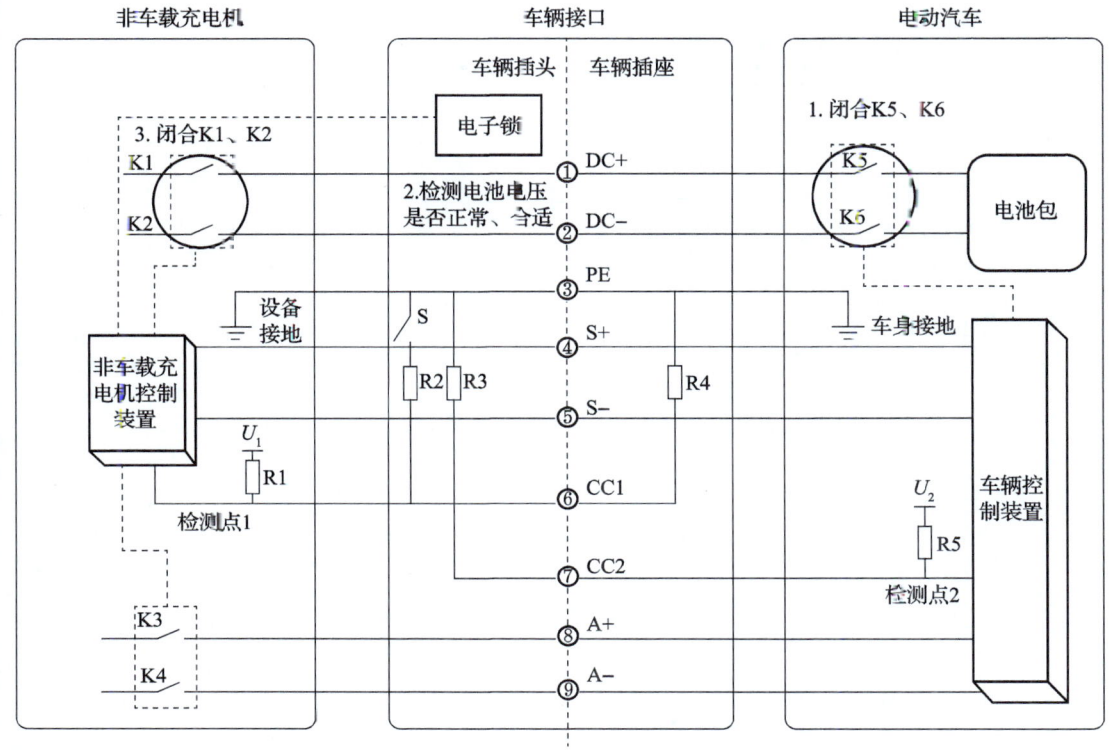

图 5-26　充电桩准备就绪阶段（参考 ZLG 致远电子）

4. 充电阶段

如图 5-27 所示，在充电阶段，车辆电池管理系统（BMS）向充电桩充电控制装置实时发送电池充电需求的参数，充电桩会根据该参数实时调整充电电压和电流，并相互发送各自的状态信息，比如充电桩输出电压和电流等，车辆电池的电压、电流和 SOC 等。

5. 充电结束阶段

如图 5-28 所示，车辆会根据汽车电池管理系统（BMS）是否达到充满状态或是收到充电桩发来的"充电桩终止充电报文"来判断是否结束充电。满足以上充电结束条件，车辆会发送"车辆终止充电报文"，在确认充电电流小于 5A 后，电池管理系统断开 K5、K6 继电器开关。充电桩在达到操作人员设定的充电结束条件，或者收到汽车发来的"车辆终止充电报文"，会发送"充电桩终止充电报文"，并控制充电桩停止充电，在确认充电电流小于 5A 后断开 K1、K2，并再次接通泄放电路，然后充电桩控制装置断开 K3、K4 继电器开关，停止向汽车供给 12V 电压。

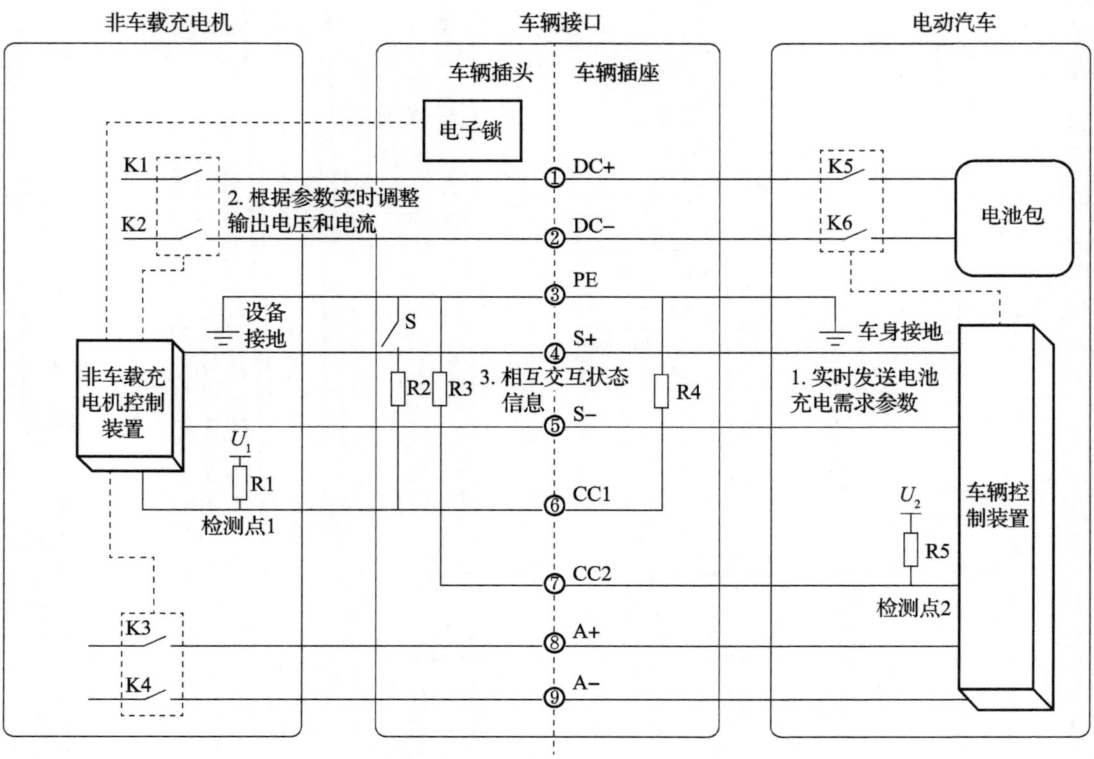

图 5-27　充电桩充电阶段（参考 ZLG 致远电子）

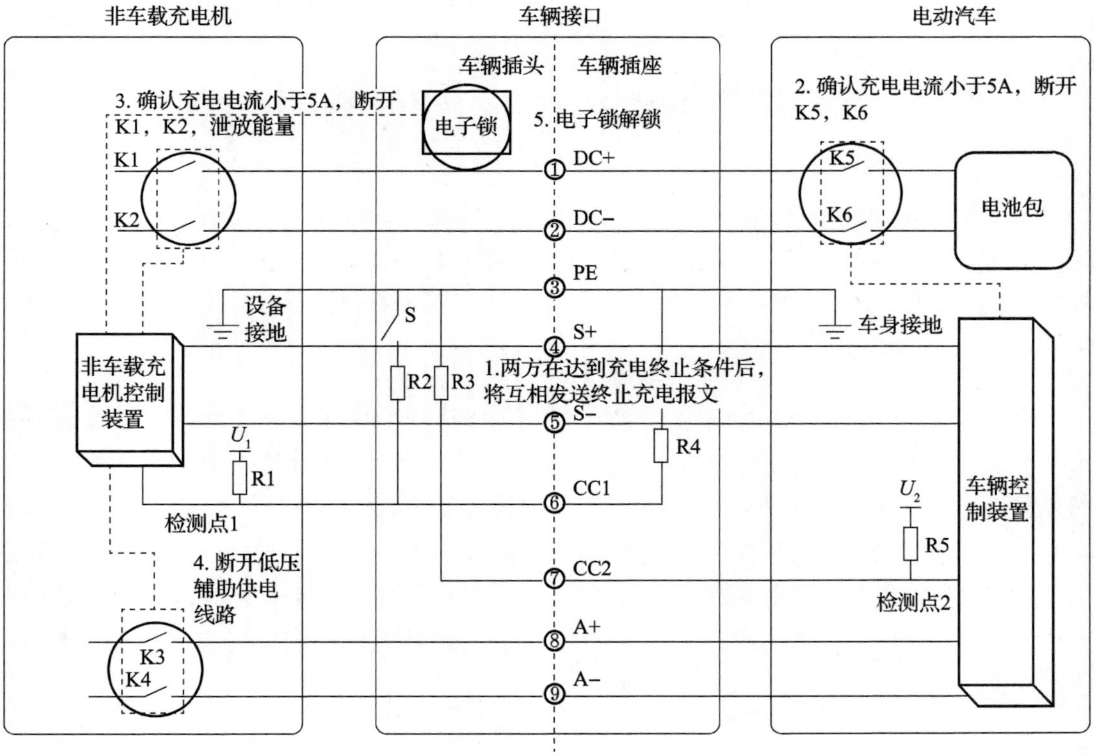

图 5-28　充电桩充电结束阶段（参考 ZLG 致远电子）

七、直流充电桩不充电的故障诊断

1. 充电机终止充电报文

开始能充电，后来中断充电。读取汽车电池管理系统有充电机发过来的停止充电报文时，说明充电机已将K1、K2、K3、K4四个继电器断开了，当然不能充电，这时应在充电桩上找出充电中断的原因。

2. 充电桩和电池管理系统（BMS）通信超时

当出现通信超时，电池管理系统（BMS）不能将汽车电池实时信息如应充电电压和电流发送给充电桩控制单元时，则在10s内将K1、K2、K5、K6继电器断开，临时停止充电，并等待通信成功。若连续三次通信中断，则在10s内将K1、K2、K3、K4、K5、K6继电器断开，彻底停止充电。

3. 充电电压超过车辆最高允许电压

原因是充电桩直流充电模块的限压功能失效，充电桩1s内断开K1、K2、K3、K4。

4. 充电枪开关S由闭合变为断开

在充电过程中，若充电枪开关S由闭合变为断开，充电桩检测检测点1的电压为6V，不会下降到4V，这时充电桩的直流充电模块在50ms内将输出电流降至5A或以下。

5. 充电枪意外断开

在车辆意外移动或充电枪脱出插座时，充电桩内的检测点1检测到电压为6V或12V，不是4V时，充电桩控制K1、K2、K3、K4继电器断开。

> 说明：交流充电桩和直流充电桩有专门的检测设备和负载模块设备。

能力模块五　充电管理认知与诊断

学习任务单

| 充电管理认知与诊断 | 学　号 | 姓　名 |

一、填空题

1. 常规充电方式采用恒_____、恒_____的传统充电方式对电动汽车进行充电。
2. 快速充电方式是指在_____时间内使蓄电池达到或接近充满状态的一种方法。
3. 快速充电方式以_____~_____A 的高充电电流在短时间内为蓄电池充电。
4. 无线充电方式包括_____、_____、_____三种。
5. 电磁感应式非接触充电系统实现传输距离为 _____cm 左右。

二、判断题

1. 如果两个线圈的横向偏差较大传输效率就会明显下降。　　　　　（　　）
2. V2G 是 Vehicle-to-Grid 的简称。　　　　　　　　　　　　　　（　　）
3. V2H 是 Vehicle-to-Home 的简称。　　　　　　　　　　　　　　（　　）
4. V2V 是 Vehicle-to-Vehicle 的简称。　　　　　　　　　　　　　（　　）
5. 电动汽车传导式充电接口英文是 Electric Vehicle Conductive Charge Coupler。
　　　　　　　　　　　　　　　　　　　　　　　　　　　　　　　（　　）

三、单选题

1. 充电初期采用（　　）技术，使充电电流恒定，避免损坏电池，加速电池的老化。
   A. 恒流　　　　　　　B. 恒压
2. 充电电压达到上限电压时自动转换为（　　）充电，有效地提高了蓄电池的容量转换效率。
   A. 恒流限压　　　　　B. 恒压限流
3. 充电电缆通过额定电流为（　　）的插头插座与交流电网进行连接。
   A. 8A　　　　B. 16A　　　　C. 32 A　　　　D. 48A
4. 交流充电接口端子连接方式为 L1+L2+L3+N+PE+（　　）+CP。
   A. CC　　　　B. DC+　　　　C. DC-　　　　D. S
5. 充电桩内发出的（　　）、40% 占空比的 ±12V 导引脉冲信号经 CP 线及电子开关 K2 形成电池管理系统与交流充电桩的通信回路。
   A. 1kHz　　　B. 10kHz　　　C. 100kHz　　　D. 1000kHz

实践任务
充电枪温度过高引起的充电停止的检查与排除

一、小组分工

按照前面所了解的知识内容，落实各项工作负责人（表5-3），如任务实施前的准备工作、实施中主要操作及协助支持工作、实施过程中相关要点及数据的记录工作等。

表5-3 工作任务分配

班级		组号		指导老师	
组长		学号			
组员角色分配					
操作员1		学号			
操作员2		学号			
记录员		学号			
安全员		学号			
任务分工					

（就组织讨论、工具准备、数据采集、数据记录、安全监督、成果展示等工作内容进行任务分工）

二、维修方案合理性评估和纠正

教学提示

教师提供资料或操作视频进行提示，以帮助学生完成主要工作步骤的填写（表5-4）。教师评估通过后，方可进行具体操作实施。学生可先行在草纸上进行。任务实施中若有改变需经教师再次评估，以确认安全和可行。

表 5-4 主要工作步骤的填写用表

内容	序号	为解决问题的主要操作步骤（不含准备及 5S）	通过 / 不通过
学生完成	1		
	2		
	3		
	4		
	5		
	6		
	7		
	8		
教师完成	1	步骤可行	
	2	安全可行	
	3	时间可行	
	4	成本可行	

三、工作准备

小组完成设备和工具准备自检（表 5-5）。

表 5-5 设备和工具准备自检表

序号	设备及工具名称	数量	设备及工具是否完好
1			□是 □否
2			□是 □否
3			□是 □否
4			□是 □否
5			□是 □否
6			□是 □否
7			□是 □否
8			□是 □否

四、过程记录

小组在表 5-6 内完成充电枪温度过高记录单。

班级：_____ 姓名：_____ 学号：_____

表 5-6　充电枪温度过高记录单

序号	步骤或测量对象	记录	完成情况
	充电枪湿度过高记录单（有数据记录数据，精确到小数点后两位，要有单位）		
1	例如：诊断仪显示的结果，万用表测量的结果		正常☐ 异常☐
2			正常☐ 异常☐
3			正常☐ 异常☐
4			正常☐ 异常☐
5			正常☐ 异常☐
6			正常☐ 异常☐
7			正常☐ 异常☐
8			正常☐ 异常☐
9			正常☐ 异常☐
10			正常☐ 异常☐
11			正常☐ 异常☐
12			正常☐ 异常☐
13			正常☐ 异常☐
14			正常☐ 异常☐
15			正常☐ 异常☐
16			正常☐ 异常☐
最终的故障点			

五、评价反馈

以小组为单位进行自评,并将结果填入表 5-7 中。

表 5-7 小组自评表

班级			组别	
日期			指导教师	
实践任务名称				
全体组员姓名				

评价项目			评价标准	分值	得分
考勤(10%)			小组少 1 人,扣 5 分	10	
工作过程 (60%)		计划制订合理	工作方案合理可行,一次通过不扣分,每多 1 次评估通过扣 5 分	20	
		任务实施	测量操作错误 1 次扣 2 分	20	
			测量判别错误 1 次扣 2 分	10	
			结论不正确,扣 10 分	10	
		工作态度	认真严谨,积极主动,安全生产,文明施工,违反 1 项 1 次扣 1 分	5	
		工作质量	能按照工作方案操作,按计划完成工作任务,未完成扣 3 分	5	
		团队合作	与小组成员、同学之间能合作交流、协调工作,违反 1 项 1 次扣 1 分	5	
项目成果 (30%)		工作完整	不能按时完成工作任务的所有环节,扣 5 分	5	
		工作规范	在整个操作过程中出现不规范操作,违反 1 项 1 次扣 1 分	5	
		汇报展示	能准确表达、汇报工作成果,差一级减 1 分	5	
合计				100	
总结与反思					

(如:学习过程中遇到什么问题→如何解决的 / 解决不了的原因→心得体会)

Module 06

能力模块六
电池管理系统故障分析方法

情境导入

一辆 2017 年 5 月出厂的吉利 EV300 纯电动汽车，踩下制动踏板，按一键启动开关时无法上电，仪表中有一个红色的蓄电池符号，同时旁边带有一个感叹号。另外一个车的图案中也有一个感叹号。经诊断仪诊断为整车控制器与电池管理系统通信记数超差（即没有收到 CAN 通信信号）。

如果你是接车的修理技术人员，修理方案应如何制定。

学习目标

能力目标
- 能说出哪些电池故障可以监测。
- 能画出或在仪表上指出电池有故障时故障指示灯的图形。
- 能画出电池管理系统的电路图。
- 能画出电池管理系统的系统原理图。
- 能利用诊断仪读取电动汽车电池管理系统输入数据。
- 能利用诊断仪读取电动汽车电池管理系统输出数据。
- 能利用诊断仪驱动电动汽车电池管理系统的执行器。
- 能利用诊断仪排除电动汽车电池管理系统故障。

素养目标
- 具有良好的团队协作精神和较强的组织沟通能力。
- 具有正确的操作安全意识。
- 具有资料查询与计划制订能力。

知识储备

🔧 技能点1　电池管理系统故障分析方法

一、故障现象

仪表上的电池管理系统故障灯（带有感叹号的蓄电池符号）点亮（图6-1），有时会伴随车辆管理控制单元故障灯点亮，启动后可以上电（READY），有时也会在上电一段时间后自动退回到点火档（ON）。

图6-1　吉利纯电动汽车电池管理系统有故障时的仪表板

二、进入自诊断

电池管理系统故障灯点亮，说明电池管理系统控制单元内部存有故障码，有故障码时先按故障码指示的思路诊断。

1）将诊断仪与车辆诊断接口相连接（图6-2）。

2）踩下制动踏板，长按供电开关（SSB），此时无法实现上电就绪（启动）操作。

图6-2　将诊断仪与车辆诊断接口相连接

三、诊断过程

技师指导　分析是电池箱内的电池有故障，还是电池管理系统传感器继电器或是绝缘有故障。不要轻易打开电池箱，因为电池箱拆开之后会存在密封问题。

1. 电池箱内的电池有故障

若是电芯电压不一致，超过允许范围，一定要再次通过数据流确认故障；如果出厂几年就出现电芯老化故障码，有时是偶发的，可能会自动消除；若是真实电芯故障，通过数据流与新车数据流对照可发现电池的电压、内阻会有变化。

2. 电池管理系统传感器有故障

根据故障码确认故障点，测量传感器供电和搭铁的电源正常后，采取更换措施即可。

技师指导　有些技师想通过比较同款车型在同一工况下的电流值来判别电流传感器的好坏，实施后发现失败。甚至有的技师注意到为了测量准确，两辆车可用同一铅酸电池，在两车上用同种类型负载做测试，负载比如前照灯、空调鼓风机或PTC加热器等。

以上想法是好的，但这是失败的测量，原因是，在这种情况下，高压上电继电器是断开的，因此流经电流传感器的电流并不存在，所以无法进行比较。

3. 高压继电器故障

对有故障的高压继电器进行在线的供电测试检测，即给线圈通电，测量开关的电阻值，应为0Ω。

4. 绝缘有故障

先确认绝缘故障在电池箱内，还是电池箱外。若绝缘故障在电池箱内，需抬下电池箱，拆开电池箱进行详细检查。若绝缘故障在电池箱外，则按线路本身和高压元件本身进行绝缘检查。

技能点 2　更换电池的作业过程

一、拆装电池箱要点

典型的电池箱拆开步骤如下：

关闭点火开关（图6-3），车上的控制单元处于对执行器的断电状态，高压配电箱的继电器组线圈断电，继电器触点开关断开。但从安全角度考虑，且控制单元严禁带电插拔，因此要断开12V铅酸电池。当断开12V铅酸电池（图6-4）对全车的供电后产生的另一个作用是全车的执行器全部断电，所以高压配电箱中的供电继电器组也断电，在这种情况下操作高压配电箱输出的高压网络是绝对安全的，特别是针对无检修塞的某些国产电动汽车。

图6-3　关闭点火开关

图6-4　断开铅酸电池

为了更安全起见，防止高压继电器组出现触点粘连，可在高压蓄电池中间串联带有熔丝的检修塞，在通过关闭点火开关或断开蓄电池仍不能断电高压配电箱中的继电器组时，可人工取下检修塞（图6-5）断电。以上是为什么要设计检修塞的原因。

在实际高压检查中要带电检查，检修塞是不能取下的，此时要穿戴手套、电工鞋和护目镜进行高压防护。但在拆开高压部件或从高压网络上拆下某高压部件时一定要拆下检修塞，等待变频器中的高压电容放电后方可进行高压作业，取下检修塞后的电池箱外部高压网络无高压，因此此时作业不用高压防护。

放掉冷却系统的冷却液（图6-6）。在放掉冷却系统的防冻液之前，要确认冷却系统是否带有热交换器，吉利EV300电动汽车的冷却系统有热交换器，放掉冷却液时要确认是否是流经电池的冷却液，不要把空调暖风的冷却液放掉，造成不必要的液体损失。

图6-5　拆下检修塞

图6-6　放掉冷却系统冷却液

断开电池箱外部的冷却液管、地线的高压线束、低压控制线束前后如图6-7、图6-8所示。通常这些连接是不会装错的，但要有一定的安装顺序，安装顺序可在断开前用手机照相作为恢复的依据。

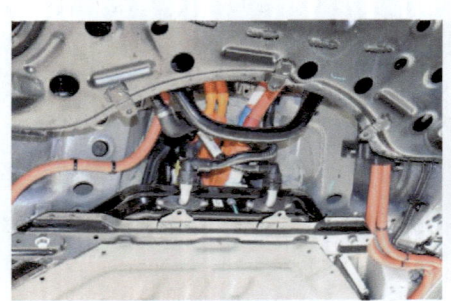

图6-7　断开电池箱的水管、高压电束和控制线束前

图6-8　断开电池箱的水管、高压电束和控制线束后

拆下电池箱和车身的连接，用电池举升车拖住电池箱（图6-9），小心降下举升车。要注意拆下电池的车身是否有重心移动（图6-10），避免车辆从举升机上翻倒掉落。

图6-9　放好电池举升车

图6-10　拆下电池的车身

二、拆装过程

电池箱内部的拆装过程如图 6-11~图 6-16 所示。

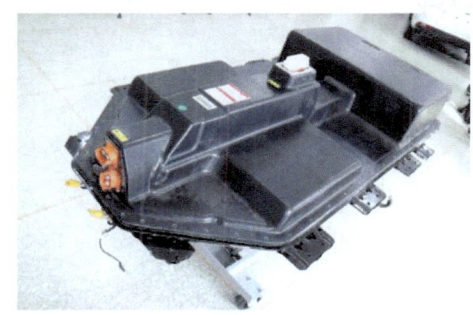

图 6-11　装上检修塞防护罩盖（白色）

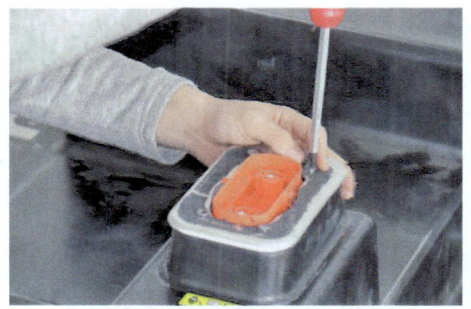

图 6-12　拆下上盖沉头螺栓

图 6-13　拆下上盖螺栓，抬起上盖后部向前推

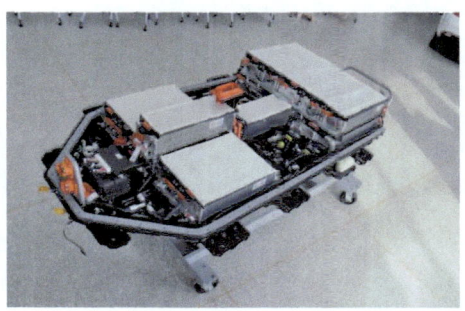

图 6-14　拆下上盖的电池箱

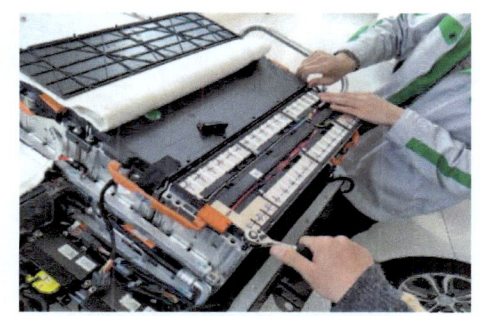

图 6-15　取下有故障的电池组

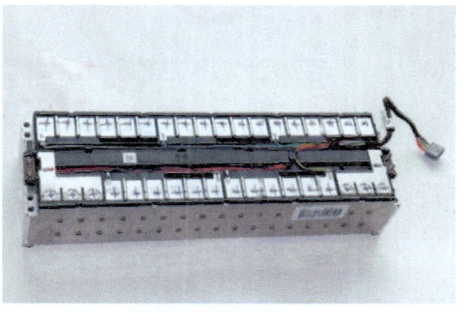

图 6-16　更换有故障的电池组

三、电池箱组装要点

电池箱内电池组装是在电池箱装配间中完成的，由于电池箱是在振动、涉水、沙尘、泥水及冷热环境中工作的，所以密封、力矩、原位捆绑、防接触隔离等是非常重要的关键点。

力矩：高压电缆经过的连接点力矩必须按厂家要求拧紧（图 6-17），不得有丝毫马虎。高压电缆经过的连接点包括高压配电箱上的继电器与电缆、电池组与电池组、检修塞座与电缆之间的连接点等。

能力模块六　电池管理系统故障分析方法

原位捆绑：电池与信号采集模块之间的线束连接必须牢固，每个采集模块的固定情况都要分别检查，即用手拉一拉模块是否运动量很大，当运动量大时需重新固定。在电池箱壳体可能发生碰触或磨损的地方需用专门的绝缘胶布来固定线束并防止磨损，这些胶布的位置要用手机照相，在安装时按原位粘回胶布。固定线束的锁紧器位置原车在哪固定，安装时就应在哪固定。

电池上盖的内衬布本应与上盖内表面贴合，但实际上有脱离（图6-18），在盖上盖时会与控制线束或高压电缆线束有碰触。上盖与电池下拖板间的密封条不能损坏，一旦损坏应及时换新再安装。

图6-17　关键点的螺检力矩

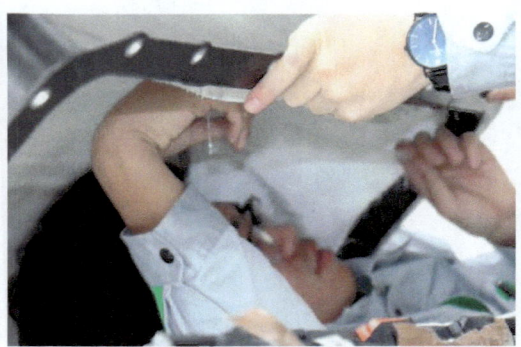
图6-18　上盖内衬布从上盖上剥离处理

技能点3　电池管理系统数据流读取

图6-19~图6-26所示为电池管理系统数据。

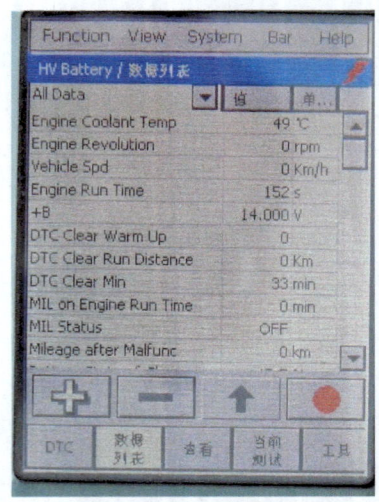
图6-19　电池总线CAN数据

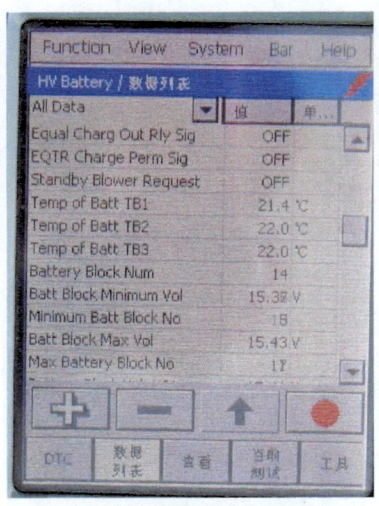
图6-20　电池管理继电器及温度数据

班级：_____ 姓名：_____ 学号：_____

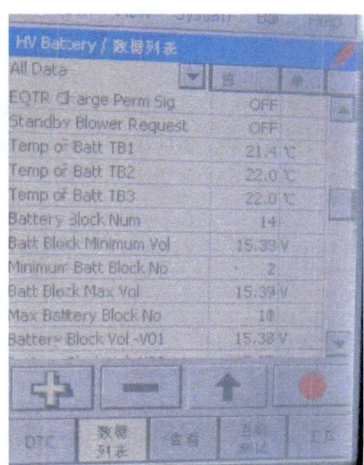 

图 6-21　电池最大、最小电压数据　　图 6-22　电池 SOC/ 电流 / 温度 / 充放电数据

图 6-23　镍氢电池电压数据　　图 6-24　镍氢电池电压和内阻数据

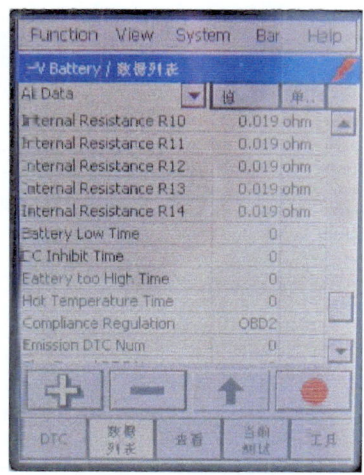 

图 6-25　镍氢电池内阻数据及 CAN 数据　　图 6-26　镍氢电池 CAN 总线数据

能力模块六　电池管理系统故障分析方法

学习任务单

| 电池管理系统故障分析方法 | 学　号 | 姓　名 |

一、填空题

1. 吉利电动汽车，不踩制动踏板，第一次按供电开关（SSB）完成_____档。
2. 吉利电动汽车，不踩制动踏板，第二次按供电开关（SSB）完成_____档。
3. 吉利电动汽车，踩下制动踏板，长按供电开关（SSB）无法实现_____操作。
4. 电动汽车的电池箱是在振动、涉水、沙尘、泥水及_____环境中工作的。
5. 断开电池箱外部的冷却液管、地线的高压线束、低压控制线束前要注意_____顺序。

二、判断题

1. 电池箱的密封、力矩、原位捆绑、防接触隔离等是非常重要的关键点。（　　）
2. 用电池举升车举升电池箱时要注意车身是否有重心移动。（　　）
3. 高压检查中要带电检查时，此时要穿戴手套、电工鞋和护目镜进行防护。（　　）
4. 当断开 12V 铅酸电池对全车的供电后，这时高压上电继电器线圈断电。（　　）
5. 绝缘有故障时应先确认绝缘故障在电池箱内，还是在电池箱外。（　　）

三、单选题

1. 要拆开高压部件或从高压电路上拆下某高压部件时一定要拆下检修塞，等待变频器中的高压电容（　　）方可进行高压作业。
   A. 充电后　　　　　　B. 放电后
2. 若是真实的电池电芯故障，通过数据流与新车数据流对照时，电池的电压、（　　）会有变化。
   A. 内阻　　　　　　　B. 电流
3. 绝缘故障在电池箱外时，按线路本身和（　　）本身进行绝缘检查。
   A. 低压元件　　　　　B. 高压元件
4. 电池管理系统故障灯点亮，说明电池管理系统控制单元内部存有（　　）。
   A. 故障码　　　　B. PIN 码　　　　C. 控制单元编码
5. 电池管理系统故障灯点亮，说明电池管理系统控制单元内部存有故障码，有故障码时先按（　　）指示的思路诊断。
   A. 故障码　　　　　　B. 数据流

实践任务
电池管理系统诊断数据的全面读取

一、小组分工

按照前面所了解的知识内容，落实各项工作负责人（表6-1），如任务实施前的准备工作、实施中主要操作及协助支持工作、实施过程中相关要点及数据的记录工作等。

表6-1 工作任务分配

班级		组号		指导老师	
组长		学号			
组员角色分配					
操作员1		学号			
操作员2		学号			
记录员		学号			
安全员		学号			
任务分工					

（就组织讨论、工具准备、数据采集、数据记录、安全监督、成果展示等工作内容进行任务分工）

二、维修方案合理性评估和纠正

教学提示

教师提供资料或操作视频进行提示，以帮助学生完成三要工作步骤的填写（表6-2）。教师评估通过后，方可进行具体操作实施。学生可先行在草纸上进行，任务实施中若有改变需经教师再次评估，以确认安全和可行。

表 6-2 主要工作步骤的填写用表

内容	序号	为解决问题的主要操作步骤（不含准备及 5S）	通过 / 不通过
学生完成	1		
	2		
	3		
	4		
	5		
	6		
	7		
	8		
教师完成	1	步骤可行	
	2	安全可行	
	3	时间可行	
	4	成本可行	

三、工作准备

小组完成设备和工具准备自检（表 6-3）。

表 6-3 设备和工具准备自检表

序号	设备及工具名称	数量	设备及工具是否完好
1			□是　□否
2			□是　□否
3			□是　□否
4			□是　□否
5			□是　□否
6			□是　□否
7			□是　□否
8			□是　□否

四、过程记录

小组在表 6-4 内完成电池管理系统数据记录单。

班级：_____ 姓名：_____ 学号：_____

表 6-4 电池管理系统数据记录单

序号	数据	数值	单位
1			
2			
3			
4			
5			
6			
7			
8			
9			
10			
11			
12			
13			
14			
15			
16			
17			
18			
19			
20			
21			
22			
23			
24			
25			
26			
27			
28			
29			
30			
31			
32			
33			
34			
35			

表头：电池管理系统数据记录单（若是英文数据，需要在英文下面写出中文）

五、评价反馈

以小组为单位进行自评,并将结果填入表 6-5 中。

表 6-5 小组自评表

班级			组别	
日期			指导教师	
实践任务名称				
全体组员姓名				
评价项目		评价标准	分值	得分
考勤(10%)		小组少 1 人,扣 5 分	10	
工作过程 (60%)	计划制订合理	工作方案合理可行,一次通过不扣分,每多 1 次评估通过扣 5 分	20	
	任务实施	测量操作错误 1 次扣 2 分	20	
		测量判别错误 1 次扣 2 分	10	
		结论不正确,扣 10 分	10	
	工作态度	认真严谨,积极主动,安全生产,文明施工,违反 1 项 1 次扣 1 分	5	
	工作质量	能按照工作方案操作,按计划完成工作任务,未完成扣 3 分	5	
	团队合作	与小组成员、同学之间能合作交流、协调工作,违反 1 项 1 次扣 1 分	5	
项目成果 (30%)	工作完整	不能按时完成工作任务的所有环节,扣 5 分	5	
	工作规范	在整个操作过程中出现不规范操作,违反 1 项 1 次扣 1 分	5	
	汇报展示	能准确表达、汇报工作成果,差一级减 1 分	5	
合计			100	
总结与反思				

(如:学习过程中遇到什么问题→如何解决的/解决不了的原因→心得体会)

能力模块七
典型纯电动汽车电池管理系统检修

情境导入

一辆 2019 年 5 月出厂的吉利 EV450 纯电动汽车，踩下制动踏板，按一键启动开关时无法上电（READY），仪表中有一个红色的蓄电池符号，同时旁边带有一个感叹号。另外一个车的图案中间也有一个感叹号。

如果你是接车的修理技术人员，应如何找出是上述原因中的哪一个，修理方案应如何制定。

学习目标

能力目标
- 能说出哪些电池故障可以监测。
- 能画出或在仪表上指出电池有故障时故障指示灯的图形。
- 能画出电池管理系统的电路图。
- 能画出电池管理系统的系统原理图。
- 能利用诊断仪读取电动汽车电池管理系统输入数据。
- 能利用诊断仪读取电动汽车电池管理系统输出数据。
- 能利用诊断仪驱动电动汽车电池管理系统的执行器。
- 能利用诊断仪排除电动汽车电池管理系统故障。

素养目标
- 具有良好的团队协作精神和较强的组织沟通能力。
- 具有正确的操作安全意识。
- 具有资料查询与计划制订能力。

知识储备

知识点 01　吉利电动汽车电池管理系统原理认知

一、电池管理系统功能

图 7-1 所示为吉利 EV300 电池箱，上侧写有 CATL 的黑盒为电池管理系统，下侧盒内为高压配电箱。

1. 温度控制功能

BMS 通过对电池箱制冷或对电池箱加热，以控制电池箱温度在一定范围内，保持电池箱内电池具有良好的充电和放电能力。

在一定时间内，若电池箱温度仍不能被控制到正常温度范围，电池管理系统则通过变频器对电机进行限流，生成故障码存储在电池管理系统中，并点亮仪表故障灯。

图 7-1　吉利 EV300 电池箱

2. 高压配电箱继电器控制和诊断功能

电池箱内通常设计有高压配电箱，配电箱内有控制电池直流输出的继电器、直流充电隔离继电器等，这些继电器由电池管理系统控制，同时这些继电器的诊断也由电池管理系统完成。

电池管理系统 ECU 如图 7-2 所示，由宁德时代（CATL）供货，其上两端口为继电器开关监测端口。

电池管理系统对供电继电器组和充电继电器组进行控制和故障监测（图 7-3），主要包括正极主继电器、预充继电器、负极主继电器、充电预充继电器、直流充电隔离继电器，如图 7-4 所示。

图 7-2　电池管理系统 ECU

图 7-3　电池管理系统对供电继电器组和充电继电器组进行控制和故障监测

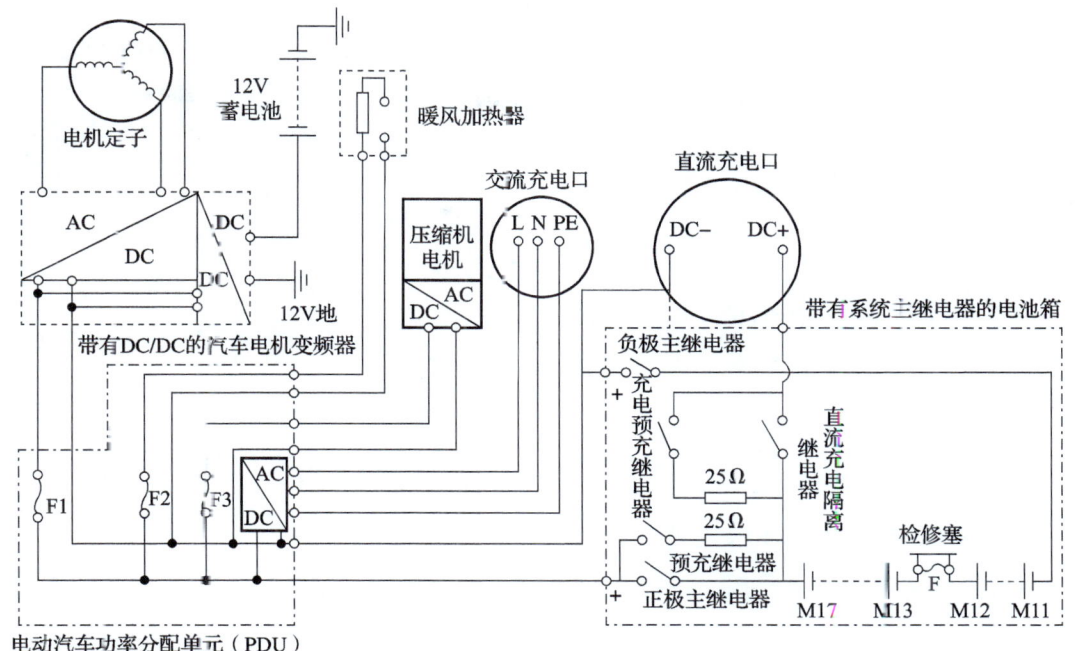

图 7-4 吉利 EV300 高压网络（右下侧虚线框内 5 个开关为继电器开关，继电器线圈部分略）

3. 电池 SOC 计算

电池串联充电，各电池充电电流相同；电池串联放电，各电池放电电流也相同。电池管理系统通过电池总电压确定一个初始容量值，以后根据充电和放电的电流积分来确定容量是下降还是上升了。

4. 电池电压和温度测量功能

BMS 利用电池组的电压采集模块采集电池电压和电池温度。图 7-5 所示为车身右侧电池组温度和电池单体电压监测模块，共 CSC1、CSC5、CSC6、CSC9 四个模块。图 7-6 所示为车身左侧电池组温度和电池单体电压监测模块，共 CSC2、CSC3、CSC4、CSC7、CSC8 五个模块。

图 7-5 车身右侧电池组温度和电池单体电压监测模块

图 7-6 车身左侧电池组温度和电池单体电压监测模块

5. 电池故障诊断功能

电池管理系统通过电池组监测模块传递过来的相应电池组的单体电池电压、电池组温度以及电池电缆的电流计算电池是否处于故障状态。若单体电池或单组电池电压过高或过低，超过偏差上下限，则生成故障码存储在电池管理系统，并点亮仪表的故障灯。

电池管理系统还可以检查电池的正极和负极与车身的绝缘电阻是否正常。

图7-7所示为电池组单体电压和温度监测模块，其左端黑色口为控制和通信信号线右端黄色口为两个电池组的电压和温度信号线。

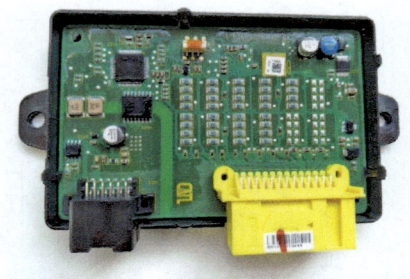

图7-7 电池组单体电压和温度监测模块

6. 信息共享功能

BMS将电池的电量（SOC）、电池电压、电池电流、诊断数据等加载到总线上。

二、电池箱温度管理系统

锂离子电池在低于-10℃或高于60℃时较难工作，为此电动汽车有一套电池温度管理系统，以保证锂离子电池在各种温度范围内能正常工作。

1. 锂离子电池冷却

图7-8所示为吉利EV300纯电动汽车的水冷式温度控制系统，两根硬塑管是冷却液进出管。电池的制冷和制热通过图7-9所示的两个热交换器来完成，左侧为电池加热，右侧为电池冷却。

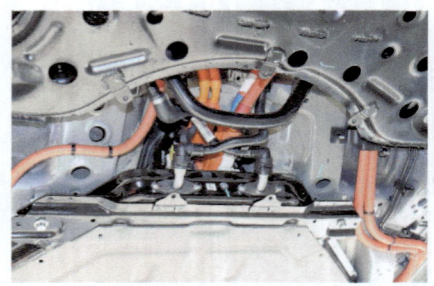

图7-8 吉利EV300（2017款）电动汽车电池箱进出水管（左进右出）

图7-9 左侧银白色为PTC加热器的热交换器、右侧银白色为空调制冷的冷交换器

电池箱中的电池冷却路径如图7-10所示。电池的冷却过程如下：电池储液罐内装有冷却液，冷却液经车底下侧的电池温控冷却液泵加压工作，流经电池热交换器，由于PTC加热器没有向电池热交换器提供热的冷却液，所以冷却液温度不变。冷却液继续流动经电池冷交换器，自动空调的制冷剂流经电池冷交换器，冷却液热量传递给制冷剂，冷却液温度降低。冷却液流经装有进水温度传感器的电池进液管，经M16、M17电池组进入，经M1、M14、M13电池组回流到电池温控冷却液泵入口处，形成一个循环。M1~M17为锂离子电池组，包括3P5S或3P6S两种。

当冷却液中有气体时，气体从电池温控冷却液泵的出口向上导入电池储液罐上部。

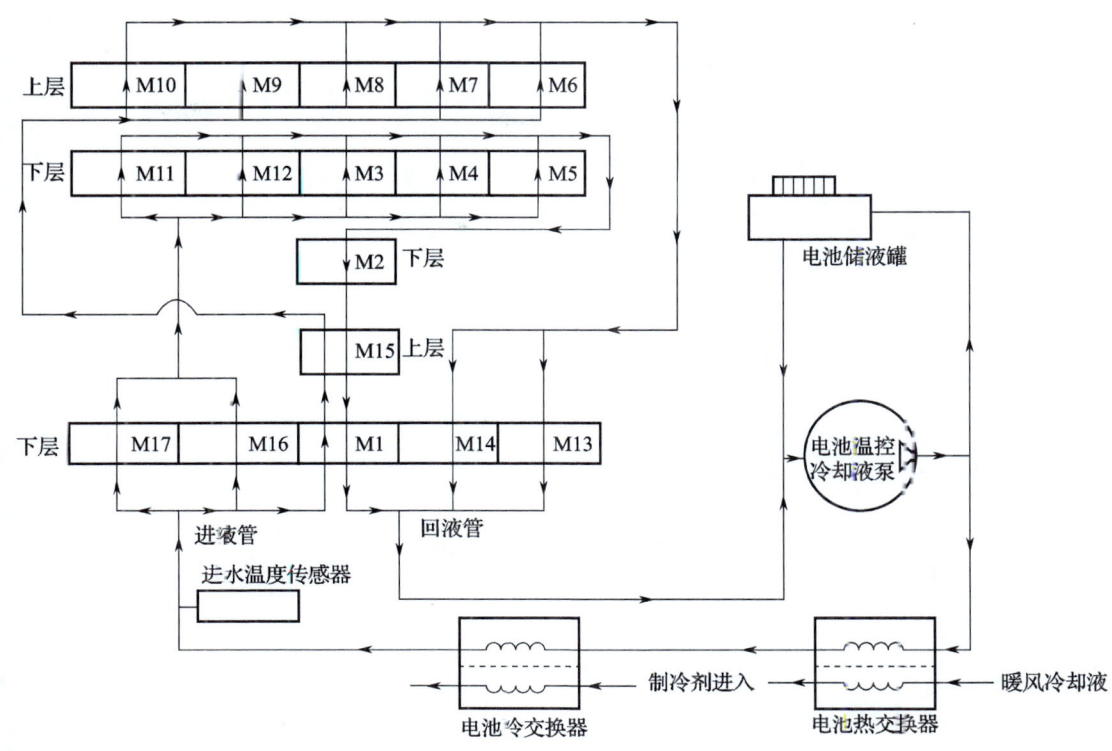

图 7-10　吉利 EV300 电池温度控制系统

2. 锂离子电池加热

电池的加热过程如图 7-10 所示。电池储液罐内装有冷却液，冷却液经车底下侧的电池温控冷却液泵加压工作，流经电池热交换器，PTC 加热器工作，向电池热交换器提供热的冷却液，热交换后，升高温度的冷却液继续流动经电池冷交换器。自动空调的制冷剂不流经电池冷交换器，没有冷热交换过程。热的冷却液流经装有进水温度传感器的电池进液管，经 M16、M17 电池组进入，经 M1、M14、M13 电池组回流到电池温控冷却液泵入口处，形成一个循环。

当冷却液中有气体时，气体从电池温控冷却液泵的出口向上导入电池储液罐上部。

3. 电池温度管理系统诊断

电池温度管理系统根据电池箱电池组上安装的温度传感器、电池箱进口温度传感器监测电池箱温度是否正常。不正常时通知启动制冷空调或制热 PTC 加热器工作，即电池的温度控制执行器有三类：一是空调压缩机和制冷剂切换阀；二是 PTC 加热器；三是电池温控冷却液泵。

可通过诊断仪读取温度传感器数值，若不正常，比如温度过低时，PTC 加热器是否启动了加热，同时电池温控冷却液泵是否实现了循环。

三、系统电路图

吉利 EV300 系统电路图如图 7-11 所示。吉利 EV300 电池管理系统位于电池箱内部，

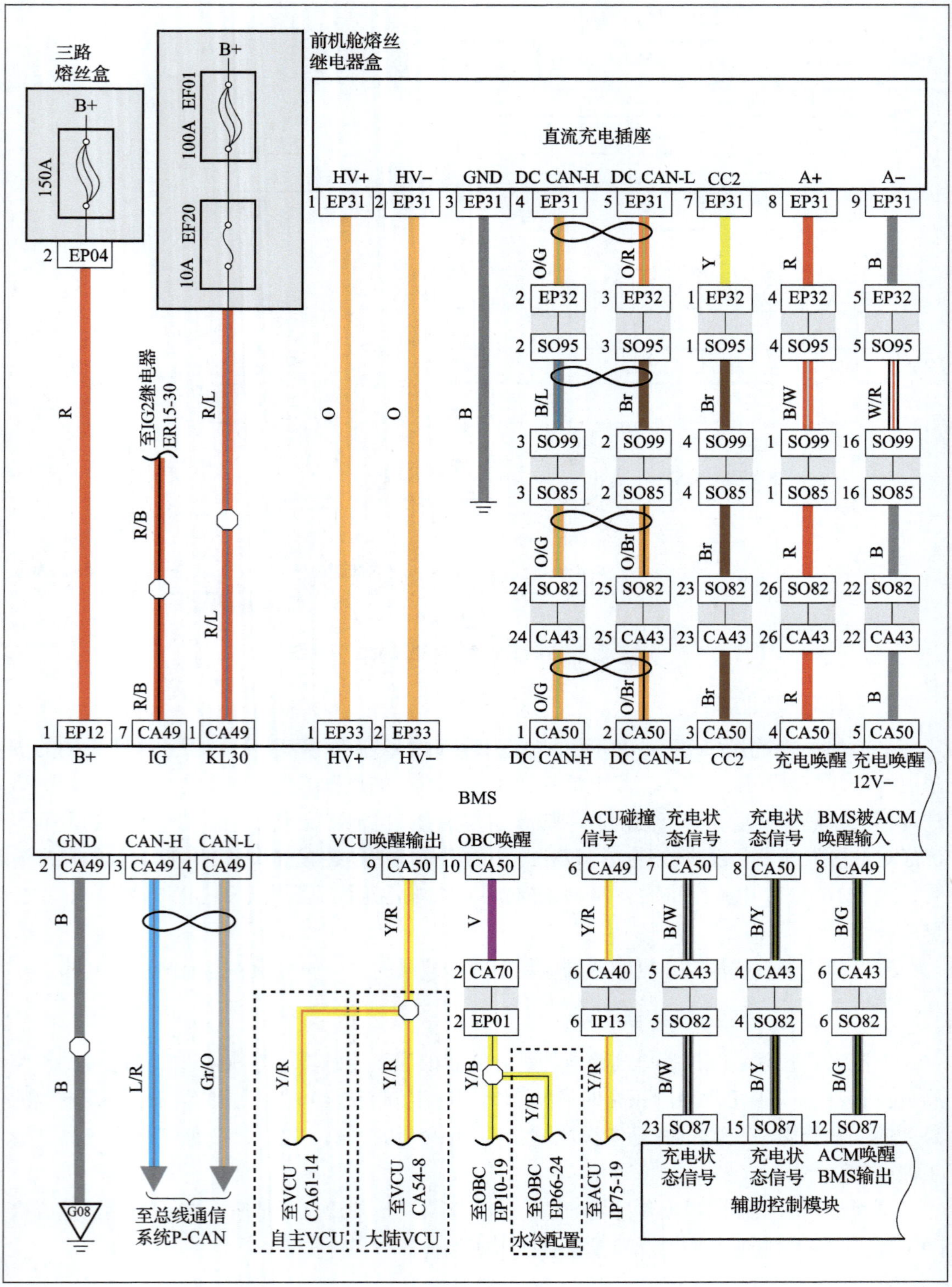

图 7-11 吉利 EV300 系统电路图

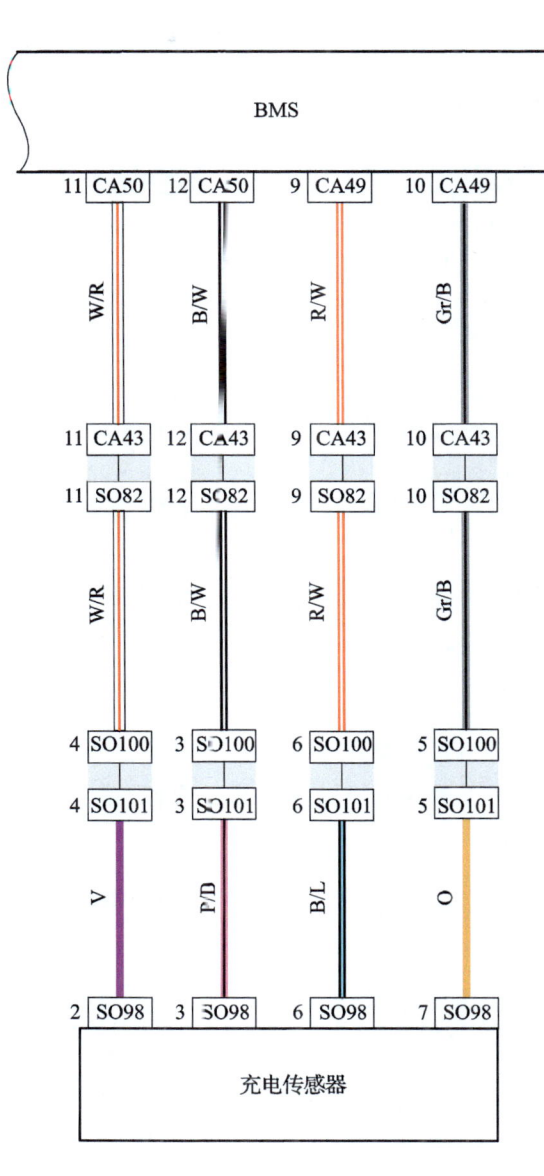

b)

图 7-11 吉利 EV300 系统电路图（续）

18个电池组采用9个电池控制单元分别采集单体电池电压 U、电池组的温度 T 和串联的工作电流 I 三个物理量，其功能如下。

1. 电池 SOC 计算

BMS 利用电池总电压、动态充放电的电流和温度估计实际的瞬时电量。

2. 电池内阻计算

BMS 利用单个电池电压和串联电池的电流可计算出各个单体电池的内阻，用于单体电池是否正常的计算。

技师指导　吉利 EV300 电流传感器安装在电池箱内的高压配电箱内部，电流传感器通过 CA49/9、CA49/10、CA50/11、CA50/12 与电池管理系统相连，即一正、一负、一信号、一接地。

3. 电池箱电池温度的计算

BMS 对电池箱温度进行监测，作为充电和放电的控制依据。

技师指导　吉利 EV300 的每组电池装有两个温度传感器，电池组共 18 组，由于采样点过多，共采用了 9 个采样控制单元分别对各组电池的单体电压、温度进行采集。9 个采样控制单元通过电池管理系统的总线将采集信息输出给电池管理系统。

　厂家的电路图如图 7-11 所示，没有提供 9 个采样控制单元通过 CAN 总线将采集信息输出给电池管理系统的电路图，只给出了电池管理系统输出在电池箱外部的电路。

4. 高压配电控制

BMS 对高压配电箱的高压继电器组进行控制，实现电池箱电池对外供电（上电）和断电（下电）的控制。

　如图 7-11 所示，厂家没有提供电池箱内高压配电箱的控制电路图，这部分原理见能力模块三。

5. 自诊断功能

BMS 对传感器和执行器进行自诊断，如果有故障则存储故障码并点亮故障灯。

6. 充电控制

充电控制分为交流充电控制和直流充电控制。

（1）交流充电控制　交流充电桩充电枪插入车辆的充电口后，由充电枪端的 CC 端唤醒充电辅助控制模块（ACM），辅助控制模块（ACM）唤醒电池管理系统（BMS），电池管理系统唤醒车载充电机（OBC）和车辆控制单元（VCU）。CP 信号实现充电桩内交流接触器的闭合控制，CP 回路是通路时，充电桩内交流接触器闭合，CP 回路是断路时，充电桩内交流接触器断开。CP 回路是通路还是断路取决于充电辅助控制模块

（ACM）的控制。

（2）直流充电控制　直流充电口的 A+ 和 A- 唤醒电池管理系统（BMS），直流充电口 CC2 端确认充电连接，电池管理系统通过 CAN 总线与外界的直流充电桩进行通信，实现电池管理系统对直流充电桩的充电电压的控制。电池管理系统检测到系统有故障时，对直流充电桩发出停止充电的控制。

7. 绝缘检测

绝缘检测工作由电池管理系统完成，利用动力蓄电池始端正极和末端负极接至电池管理系统的脉冲正极 TEST 构成高压回路，并与 GND 形成检测电路。

8. 交流充电口温度检测

充电辅助控制模块（ACM）通过在充电口处接有一个热敏电阻来检测充电枪因接触电阻产生的升温，当温度过高时，充电辅助控制模块（ACM）通知电池管理系统（BMS），电池管理系统（BMS）通知车载充电机降电流充电或停止充电。

9. P-CAN 动力总线

P-CAN 动力总线是高速总线，通过车辆控制单元（VCU）与 B-CAN 总线（车身电器总线）相互交换信息。

10. 充电状态信号线

充电状态信号线充电辅助控制模块（ACM）和电池管理系统（BMS）的专用通信线。

知识点 02　比亚迪 E6 电池管理系统原理认知

一、系统简介

比亚迪 E6 的电池管理系统控制单元位于行李箱，电池管理系统的输入有单体电池电压和电池组总电压 U、工作电流 I、电池温度 T 三个物理量，其功能如下。

1. 电池 SOC 计算

BMS 利用电池总电压、动态充放电的电流和温度估计实际的瞬时电量。

2. 电池内阻计算

BMS 利用单个电池电压和串联电池的电流可计算出各个单体电池的内阻，用于单体电池是否正常的计算。

> **技师指导**　比亚迪 E6 的电流传感器安装在高压配电箱内部。电流传感器通过 A27（+15V）和 A27（-15V）供电，A26 作为信号输出。

3. 电池箱电池温度的计算

BMS 对电池箱温度进行监测，作为充电和放电的控制依据。

> **技师指导** 比亚迪 E6 的每组电池有两个温度传感器，电池组共 10 组，由于采样点过多，共采用了 10 个采样控制单元分别对各组电池的单体电压、温度进行采集。10 个采样控制单元通过电池管理系统的总线输出，经过电池箱外部的插座和插头后进入电池管理系统的 CAN-H（C8）、CAN-L（C1）。C7 和 C26 为电池箱里的 10 个控制单元供电。

4. 高压配电控制

BMS 对高压配电箱的高压继电器组进行控制，实现电池箱电池对外供电（上电）和断电（下电）的控制。

> **技师指导** 比亚迪 E6 高压配电箱的继电器线圈受电池管理系统控制，比如主接触器（A9）、主预充接触器（A17）、交流充电接触器（A33）、DC/DC 预充接触器（A24）、DC/DC 接触器（A34）。

下电处理控制包括：绝缘检测检测到负极电缆对车身绝缘下降，通过 LDIN1、LDIN2 给电池管理系统发送信号进行下电处理；汽车发生碰撞，安全气囊弹出，安全气囊传过来的下电信号通过 B25 进行下电处理；在检修塞被取下时，对高压互锁电路（B19）进行控制，进行下电处理。

5. 自诊断功能

BMS 对传感器和执行器进行自诊断，如果有故障则存储故障码并点亮故障灯。

6. 充电控制

BMS 对充电指示灯进行控制。

7. 绝缘检测

绝缘检测工作由漏电传感器来完成，动力蓄电池的负极接至漏电传感器，与电池管理系统的脉冲正极 TEST 构成高压回路，并与 GND 形成检测电路。LDIN1 和 LDIN2 确定绝缘电阻的等级。

8. 交流充电口温度检测

BMS 通过 B11（+）和 B12（-）在充电口处接有一个热敏电阻来检测充电枪因接触电阻产生的升温，当温度过高时，电池管理系统通知车载充电机降电流充电或停止充电。

二、系统电路图

比亚迪 E6 的电池管理系统电路图如图 7-12 所示。

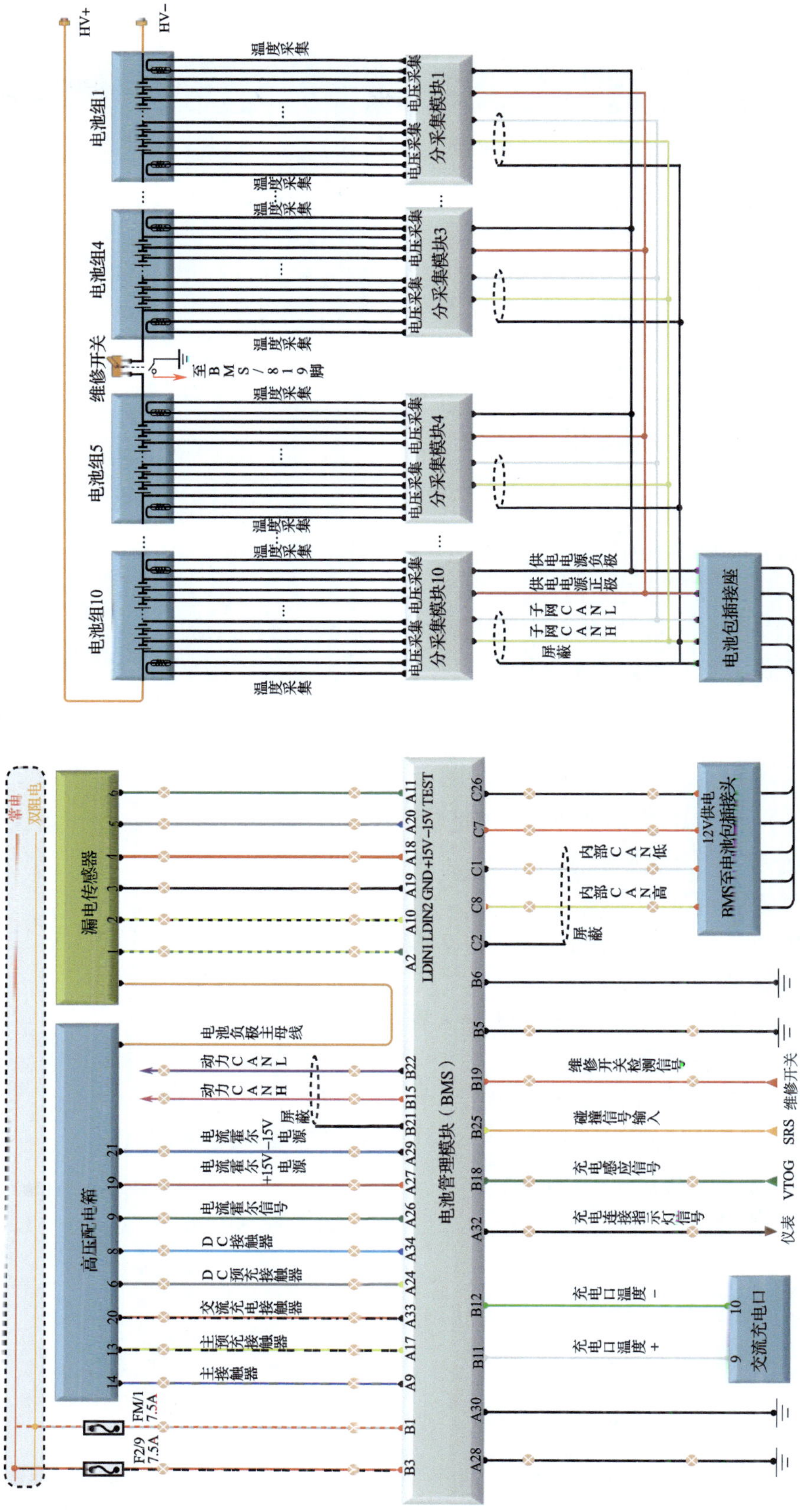

图 7-12 比亚迪 E6 纯电动汽车电池管理系统电路图

能力模块七　典型纯电动汽车电池管理系统检修

学习任务单

| 典型纯电动汽车电池管理系统检修 | 学　号 | | 姓　名 | |

一、填空题

1. CATL 是＿＿＿＿＿＿＿＿＿＿＿＿＿＿＿＿公司的英文缩写。
2. 吉利电动汽车高压配电箱位于＿＿＿＿＿＿。
3. 吉利电动汽车高压配电箱继电器触点由＿＿＿＿＿＿监测。
4. 吉利电动汽车高压配电箱预充电阻有＿＿＿＿＿＿个。
5. 吉利电动汽车电池箱采用＿＿＿＿＿＿。

二、判断题

1. 直流充电口的 A+ 和 A– 可唤醒电池管理系统（BMS）。　　　　　　　　（　　）
2. CC2 端子用于确认充电连接。　　　　　　　　　　　　　　　　　　　（　　）
3. 电池管理系统通过 CAN 总线与外界的直流充电桩进行通信。　　　　　　（　　）
4. 电池管理系统检测到系统有故障时，对直流充电桩发出停止充电的控制。（　　）
5. 充电口处接有一个热敏电阻来检测充电枪因接触电阻产生的升温。　　　（　　）

三、单选题

1. （　　）动力总线是高速总线，通过车辆控制单元（VCU）与 B–CAN 总线（车身电器总线）相互交换信息。
   A. P–CAN　　　　　　　　　　　　　　B. C–CAN
2. 吉利电动汽车的 VCU 兼有（　　）功能。
   A. 网关　　　　　　　　　　　　　　　B. 汽车电气控制
3. 整车控制单元（VCU）的驾驶人输入有（　　）。
   A. 电池温度传感器　　　　　　　　　　B. 加速踏板
4. 早期电动汽车为充电口设计有（　　）。
   A. 充电辅助控制模块（ACM）　　　　　B. 电池管理系统
5. 绝缘检测工作由（　　）完成。
   A. 电池管理系统　　　　　　　　　　　B. 整车控制单元

实践任务
纯电动汽车诊断数据的分析

一、小组分工

按照前面所了解的知识内容,落实各项工作负责人(表7-1),如任务实施前的准备工作、实施中主要操作及协助支持工作、实施过程中相关要点及数据的记录工作等。

表 7-1 工作任务分配

班级		组号		指导老师	
组长		学号			
组员角色分配					
操作员 1		学号			
操作员 2		学号			
记录员		学号			
安全员		学号			
任务分工					

(就组织讨论、工具准备、数据采集、数据记录、安全监督、成果展示等工作内容进行任务分工)

二、维修方案合理性评估和纠正

教学提示 教师提供资料或操作视频进行提示,以帮助学生完成主要工作步骤的填写(表7-2)。教师评估通过后,方可进行具体操作实施。学生可先行在草纸上进行。任务实施中若有改变需经教师再次评估,以确认安全和可行。

表 7-2 主要工作步骤的填写用表

内容	序号	为解决问题的主要操作步骤（不含准备及5S）	通过/不通过
学生完成	1		
	2		
	3		
	4		
	5		
	6		
	7		
	8		
教师完成	1	步骤可行	
	2	安全可行	
	3	时间可行	
	4	成本可行	

三、工作准备

小组完成设备和工具准备自检（表 7-3）。

表 7-3 设备和工具准备自检表

序号	设备及工具名称	数量	设备及工具是否完好
1			□是　□否
2			□是　□否
3			□是　□否
4			□是　□否
5			□是　□否
6			□是　□否
7			□是　□否
8			□是　□否

四、过程记录

小组在表 7-4 内完成电动汽车数据记录单。

班级：_____ 姓名：_____ 学号：_____

表 7-4 电动汽车数据记录单

电动汽车数据记录单（若是英文数据，需要在英文下面写出中文）		
序号	数据	数值	单位
1			
2			
3			
4			
5			
6			
7			
8			
9			
10			
11			
12			
13			
14			
15			
16			
17			
18			
19			
20			
21			
22			
23			
24			
25			
26			
27			
28			
29			
30			
31			
32			
33			
34			
35			

五、评价反馈

以小组为单位进行自评,并将结果填入表 7-5 中。

表 7-5　小组自评表

班级			组别	
日期			指导教师	
实践任务名称				
全体组员姓名				
评价项目		评价标准	分值	得分
考勤(10%)		小组少 1 人,扣 5 分	10	
工作过程（60%）	计划制订合理	工作方案合理可行,一次通过不扣分,每多 1 次评估通过扣 5 分	20	
	任务实施	测量操作错误 1 次扣 2 分	20	
		测量判别错误 1 次扣 2 分	10	
		结论不正确,扣 10 分	10	
	工作态度	认真严谨,积极主动,安全生产,文明施工,违反 1 项 1 次扣 1 分	5	
	工作质量	能按照工作方案操作,按计划完成工作任务,未完成扣 3 分	5	
	团队合作	与小组成员、同学之间能合作交流、协调工作,违反 1 项 1 次扣 1 分	5	
项目成果（30%）	工作完整	不能按时完成工作任务的所有环节,扣 5 分	5	
	工作规范	在整个操作过程中出现不规范操作,违反 1 项 1 次扣 1 分	5	
	汇报展示	能准确表达、汇报工作成果,差一级减 1 分	5	
合计			100	
总结与反思				

(如:学习过程中遇到什么问题→如何解决的/解决不了的原因→心得体会)

能力模块八
典型混合动力汽车电池管理系统故障分析

情境导入

一辆 2017 年出厂的丰田卡罗拉混合动力汽车，经检测第 4 组电池模块电压高。

如果你是接车的修理技术人员，修理方案应如何制定。

学习目标

能力目标

- 能说出哪些电池故障可以监测。
- 能画出或在仪表上指出电池有故障时故障指示灯的图形。
- 能画出电池管理系统的系统原理图。
- 能画出电池管理系统的电路图。
- 能利用诊断仪卖取混合动力汽车电池管理系统输入数据。
- 能利用诊断仪卖取混合动力汽车电池管理系统输出数据。
- 能利用诊断仪驱动混合动力汽车电池管理系统的执行器。
- 能利用诊断仪排除混合动力汽车电池管理系统故障。

素养目标

- 具有良好的团队协作精神和较强的组织沟通能力。
- 具有正确的操作安全意识。
- 具有资料查询与计划制订能力。

知识储备

知识点 01　找到主要零部件的位置（以第二代丰田普锐斯为例）

一、找到图中元件

电池管理系统电池箱及熔丝和继电器图如图 8-1 所示。动力管理控制 ECU 位置如图 8-2 所示，电池箱元件位置如图 8-3 所示。

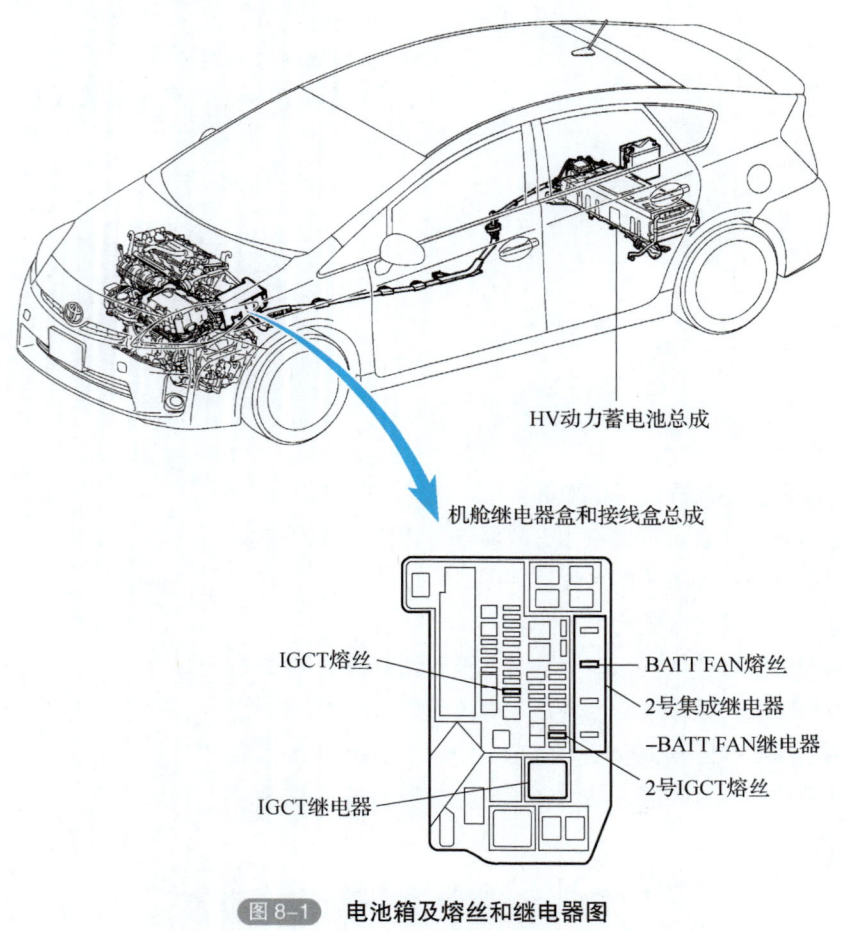

图 8-1　电池箱及熔丝和继电器图

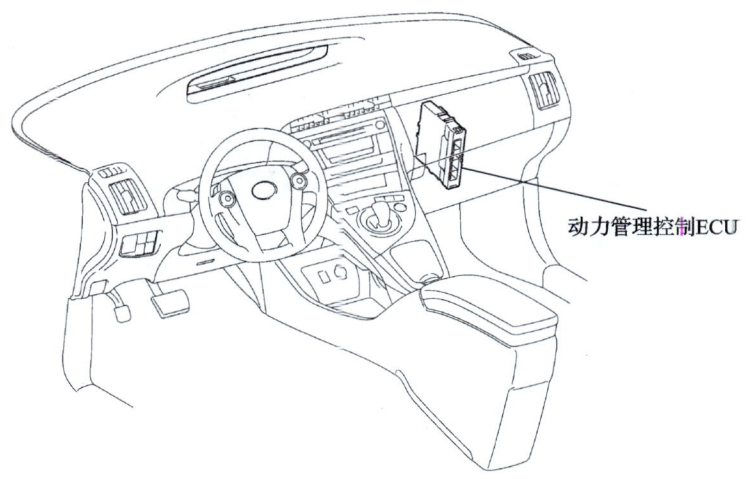

图 8-2　动力管理控制 ECU 位置图

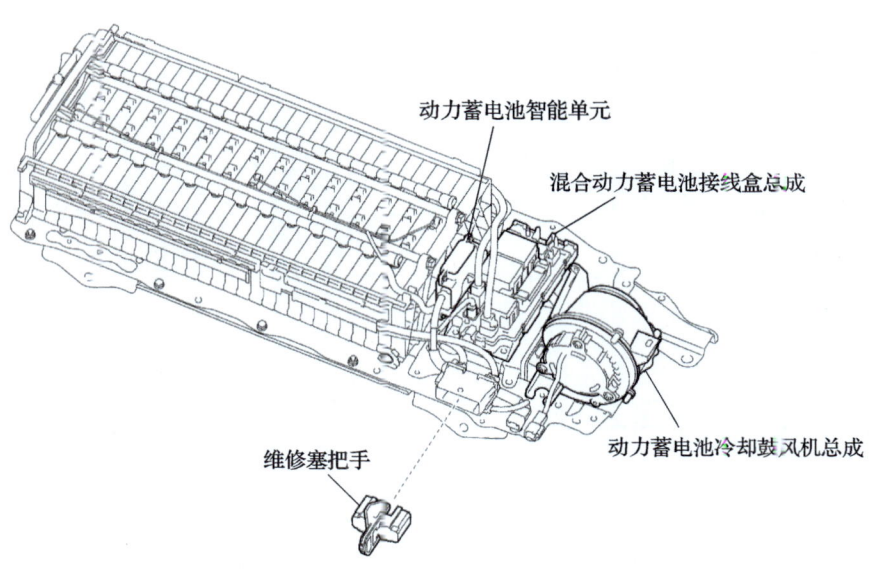

图 8-3　电池箱元件位置图

二、找到电池管理系统电路图中的元件

电池管理系统也称蓄电池智能单元，其电路图如图 8-4 所示，本模块将讲解该图。

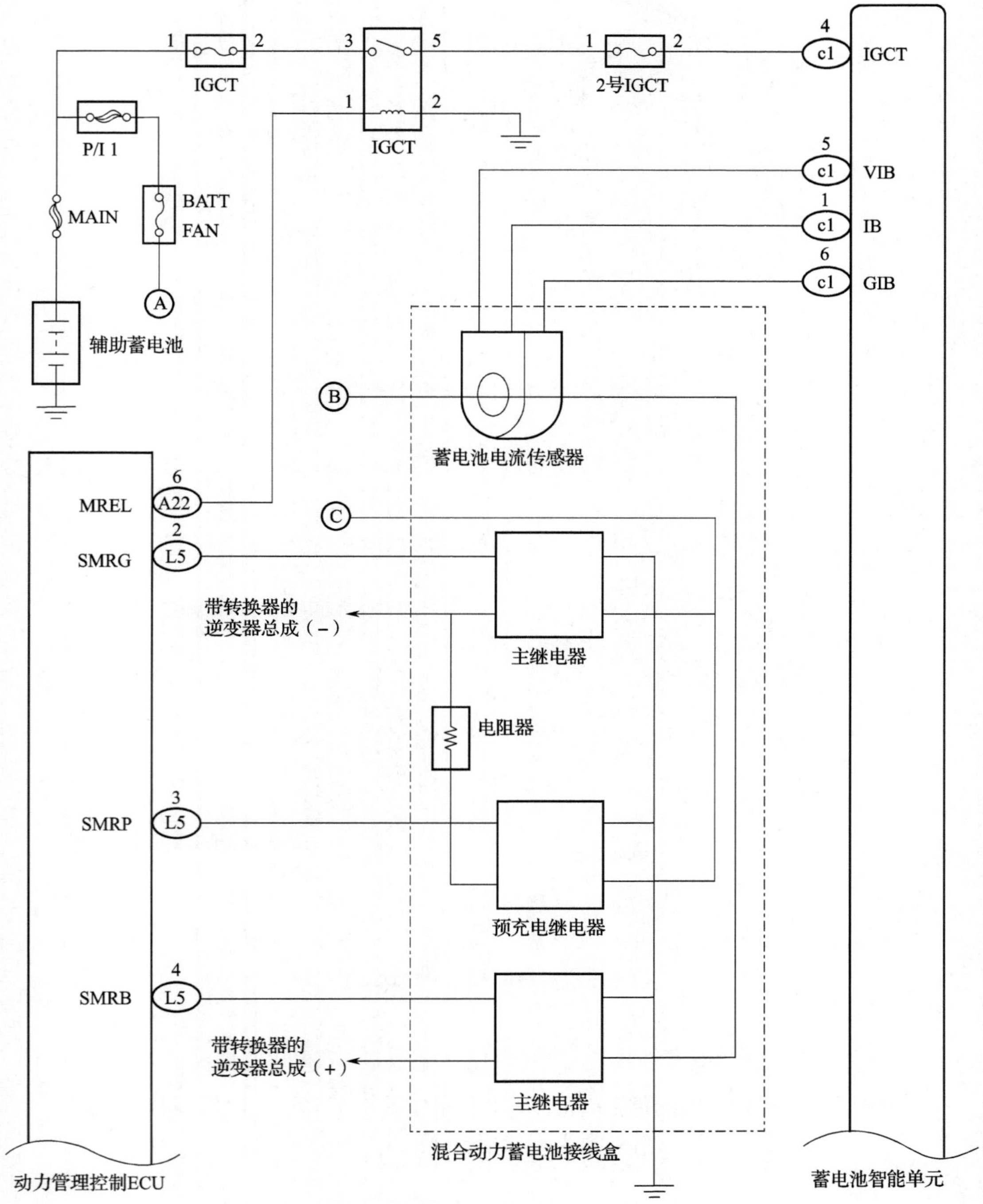

能力模块八　典型混合动力汽车电池管理系统故障分析

图 8-4　电池管理控制系统图

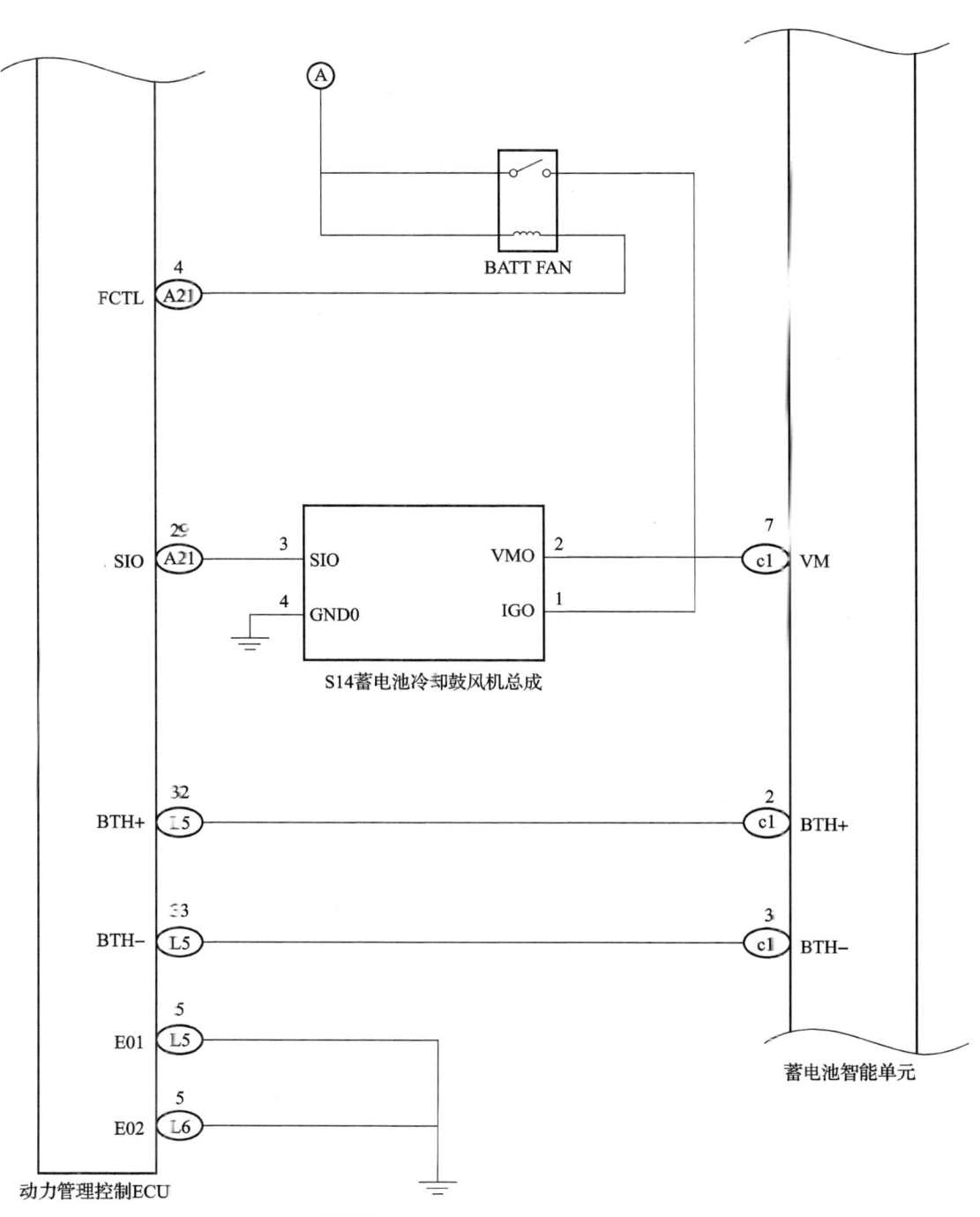

图 8-4　电池管理控制系统图（续）

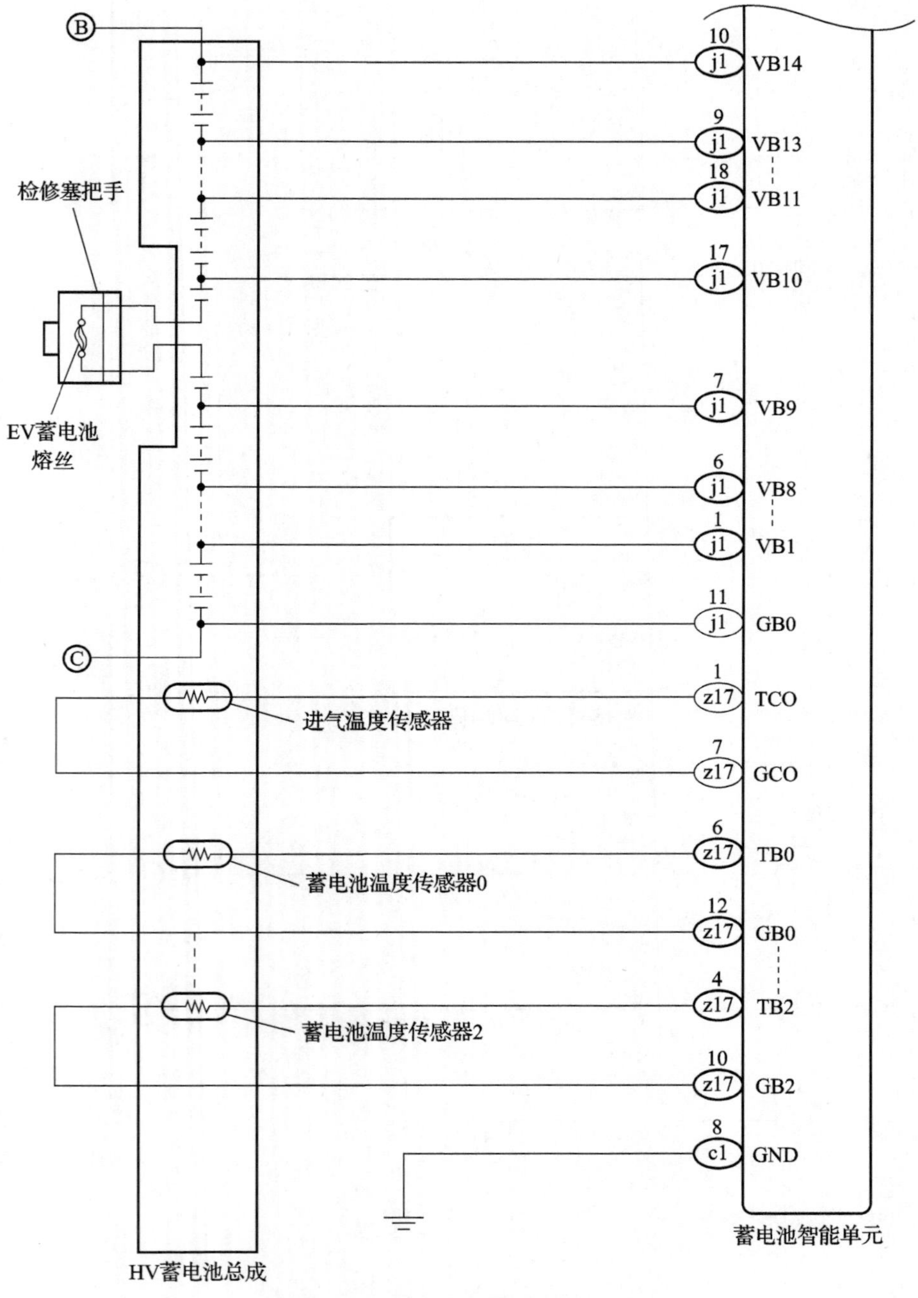

图 8-4　电池管理控制系统图（续）

班级：_____ 姓名：_____ 学号：_____

知识点 02　电池管理系统的检修

一、混合动力蓄电池组传感器模块

蓄电池智能单元（蓄电池能量控制模块）通过串行通信将 HV 蓄电池电压信息发送至动力管理控制 ECU。

检查程序如下：

注意：变速杆置于 N 位时，如果长时间执行检查程序，则可能导致设定 DTC P3000388。

> **提示**：故障排除后，如有必要更换蓄电池智能单元，则安装新蓄电池智能单元后需确认电压。

在电源开关置于 ON（READY）位置、选择驻车档（P）且发动机停机的情况下，确认数据表中的"Power Resource VB"（电源电压）、"VL-Voltage before Boosting"（增压前的 VL 电压）和"VH-Voltage after Boosting"（增压后的 VH 电压）为 220 V 或更高。

系统正常时，电源 VB、增压前的 VL 电压、增压后的 VH 电压的值应几乎相等（变速杆置于空档时不会出现电压增加）。如果各电压之间的差超过表 8-1 的规定值，则带转换器的变频器有故障。

表 8-1　增压前 VL、增压后 VH、电源 VB 的电压允许差

检查电压	最大电压差
"Power Resource VB"（电源电压）和"VL-Voltage before Boosting"（增压前的 VL 电压）之间的差	50 V
"Power Resource VB"（电源电压）和"VH-Voltage after Boosting"（增压后的 VH 电压）之间的差	70 V
"VL-Voltage before Boosting"（增压前的 VL 电压）和"VH-Voltage after Boosting"（增压后的 VH 电压）之间的差	90 V

二、动力管理控制 ECU 和蓄电池智能单元通信线

动力管理控制 ECU 根据蓄电池智能单元发送的故障信号警告驾驶人并执行失效保护控制（图 8-5）。

三、混合动力蓄电池组的分组电压

HV 蓄电池为镍氢电池，无须外部充电。在行驶过程中，动力管理控制 ECU 将 HV 蓄电池的 SOC（充电状态）控制在恒定水平。HV 蓄电池由 28 个模块组成（图 8-6），

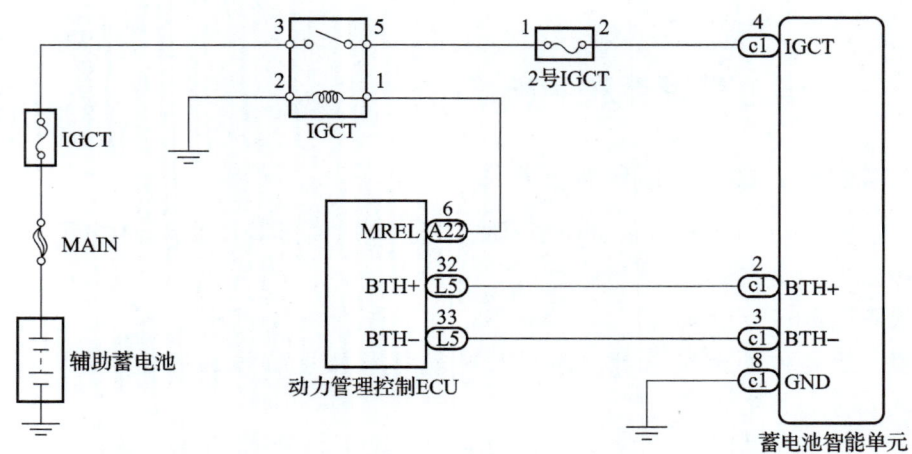

图 8-5　动力管理控制 ECU 和蓄电池智能单元的通信

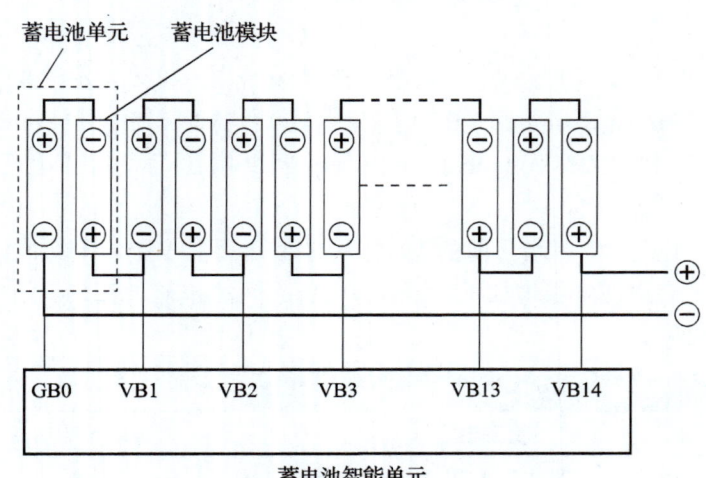

图 8-6　混合动力蓄电池组的 14 组电压测量

1 个模块包括 6 个串联的 1.2V 单体电池，2 个模块在信号电压采样上为一组，蓄电池智能单元存储 14 组蓄电池单元电压。14 组蓄电池单元电压的和为总电压，即为升压前的电压，这个电压是蓄电池 SOC 测量的静态信号，而电流积分测量是动态测量 SOC 的信号。

四、混合动力蓄电池组冷却风扇 1 控制电路低电位

蓄电池冷却鼓风机总成的转速由动力管理控制 ECU 控制。动力管理控制 ECU 端子 FCTL 打开蓄电池鼓风机继电器时，向蓄电池冷却鼓风机总成供电。动力管理控制 ECU 将指令信号（SI）发送至蓄电池冷却鼓风机总成，以获得与 HV 蓄电池温度相应的风扇转速。用串行通信通过蓄电池智能单元，将关于施加到蓄电池冷却鼓风机总成（VM）电压的信息作为监控信号发送至动力管理控制 ECU。蓄电池冷却鼓风机转速控制框图如图 8-7 所示。

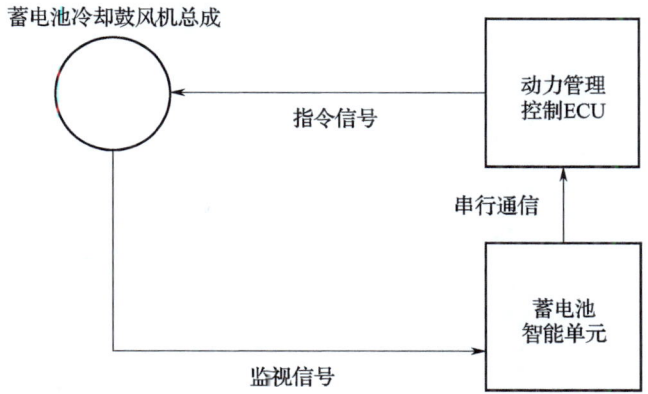

图 8-7　蓄电池冷却鼓风机转速控制框图

蓄电池冷却鼓风机转速控制通信电路如图 8-8 所示，蓄电池冷却鼓风机的转速控制电路如图 8-9 所示。

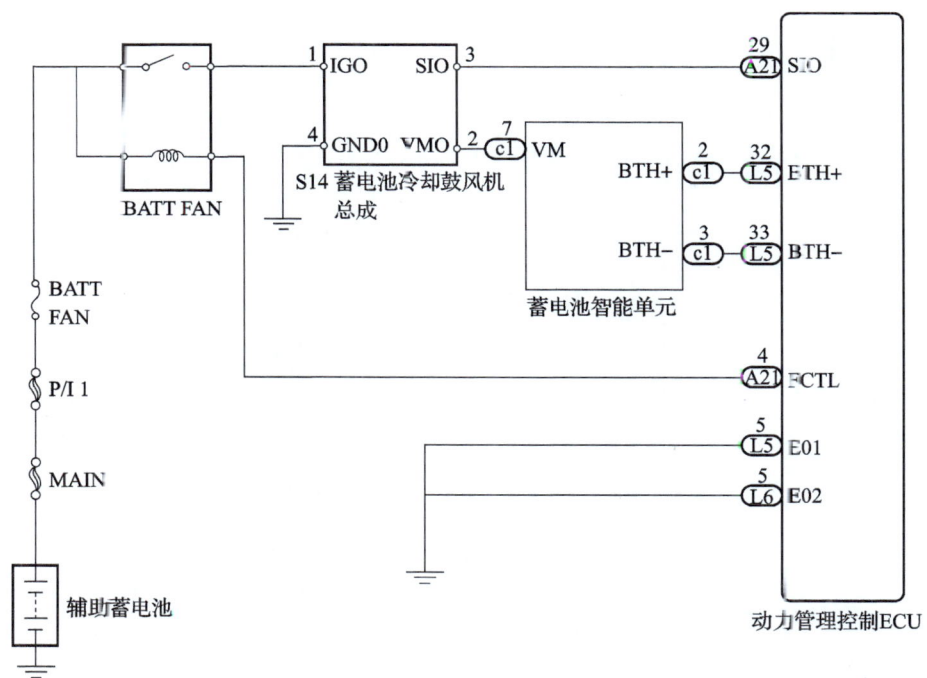

图 8-8　蓄电池冷却鼓风机转速控制通信电路图

五、高压熔丝

高压熔丝如图 8-10 所示。

检查注意事项：

- 检查高压系统前，务必采取安全措施，如佩戴绝缘手套并拆下检修塞把手以防电击。拆下检修塞把手后放到自己口袋中，防止其他技师在您进行高压系统作业时将其意外重新连接。

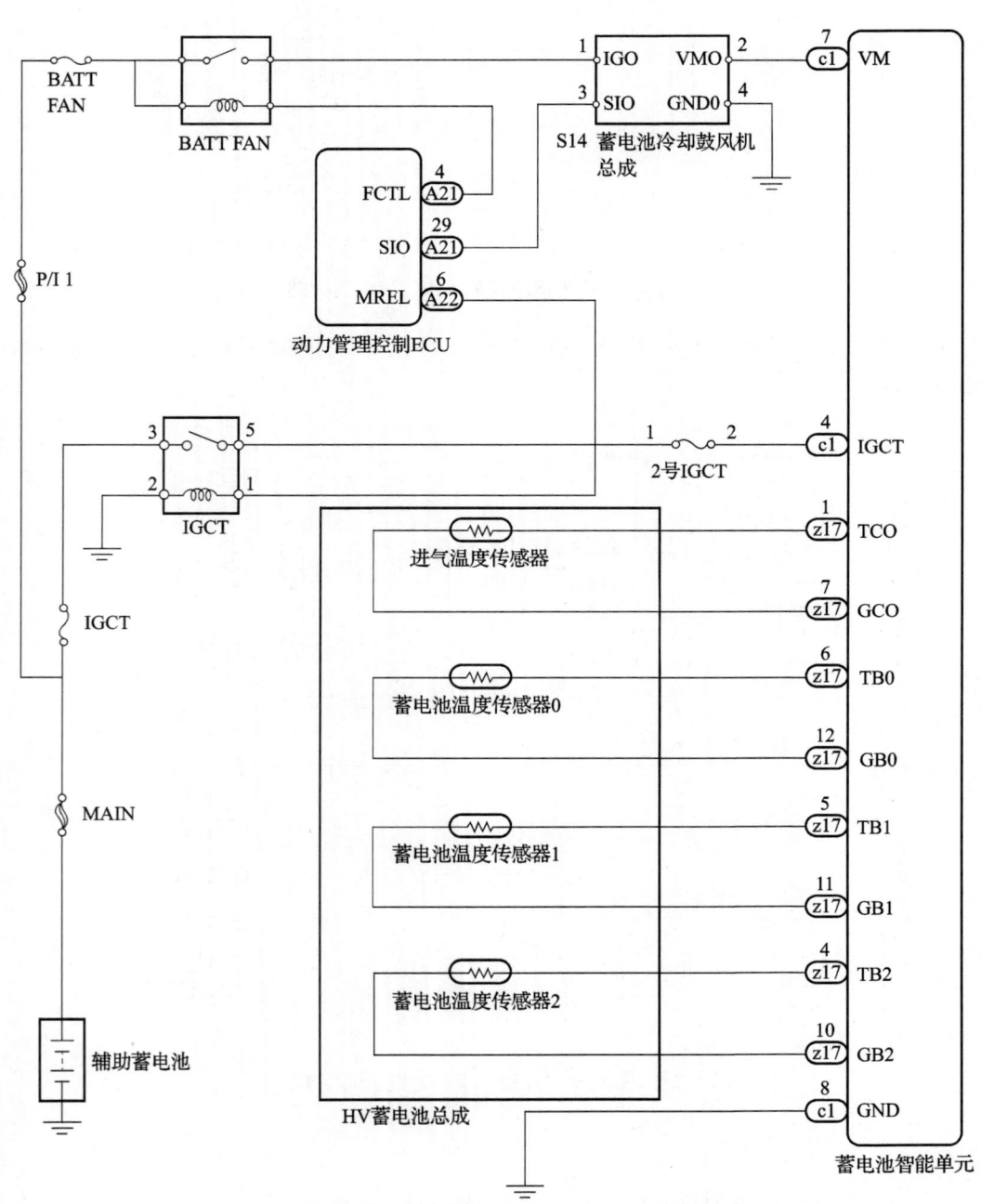

图 8-9　蓄电池冷却鼓风机的转速控制电路图

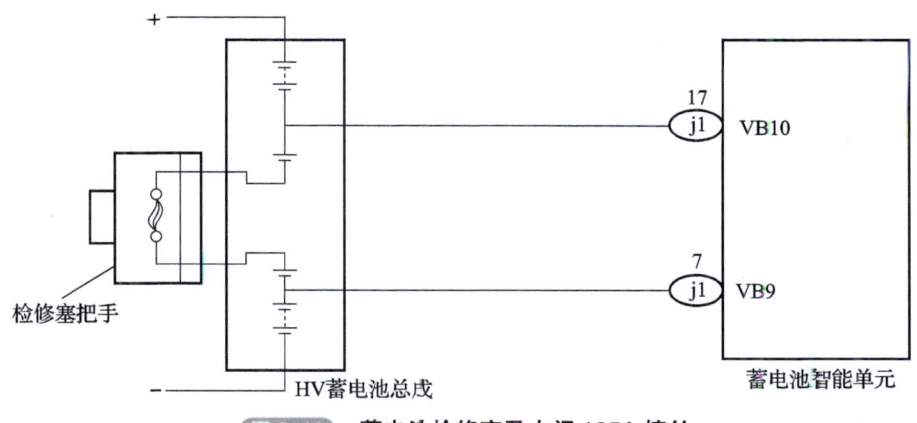

图 8-10　蓄电池检修塞及中间 125A 熔丝

- 断开检修塞把手后，接触任何高压插接器或端子前，等待至少 10min。

> 提示：使带转换器的逆变器总成内的高压电容器放电至少需 10min。

- 报废 HV 蓄电池时，确保由能对其进行安全处理的授权收集商将其回收。如果 HV 蓄电池通过制造商指定的途径回收，则可通过授权的收集商以安全的方式正确回收。

注意：将电源开关置于 OFF 位置后，从辅助蓄电池负极（-）端子上断开电缆前需要等待一定的时间。因此，继续工作前确保阅读从辅助蓄电池负极（-）端子上断开电缆的注意事项。

六、混合动力蓄电池温度传感器

HV 蓄电池的 3 个位置均具有蓄电池温度传感器。内置于各蓄电池温度传感器的热敏电阻的阻值会根据 HV 蓄电池温度的变化而变化。蓄电池温度越低，热敏电阻的阻值越大。反之，温度越高，阻值越小。蓄电池温度传感器温度 - 电阻特性曲线如图 8-11 所示，蓄电池温度传感器及电流传感器电路图如图 8-12 所示。蓄电池智能单元使用蓄电池温度传感器检测 HV 蓄电池温度，并将检测值发送至动力管理控制 ECU。动力管理控制 ECU 根据此检测结果控制鼓风机风扇（HV 蓄电池温度上升超过预定水平时，鼓风机风扇启动）。

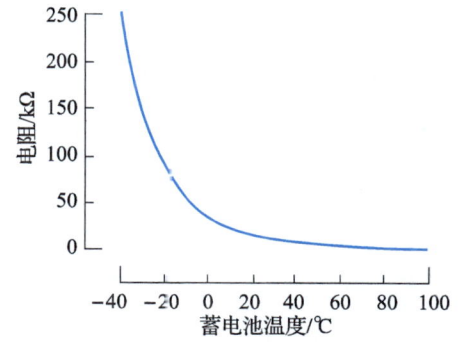

图 8-11　蓄电池温度传感器温度 - 电阻特性曲线

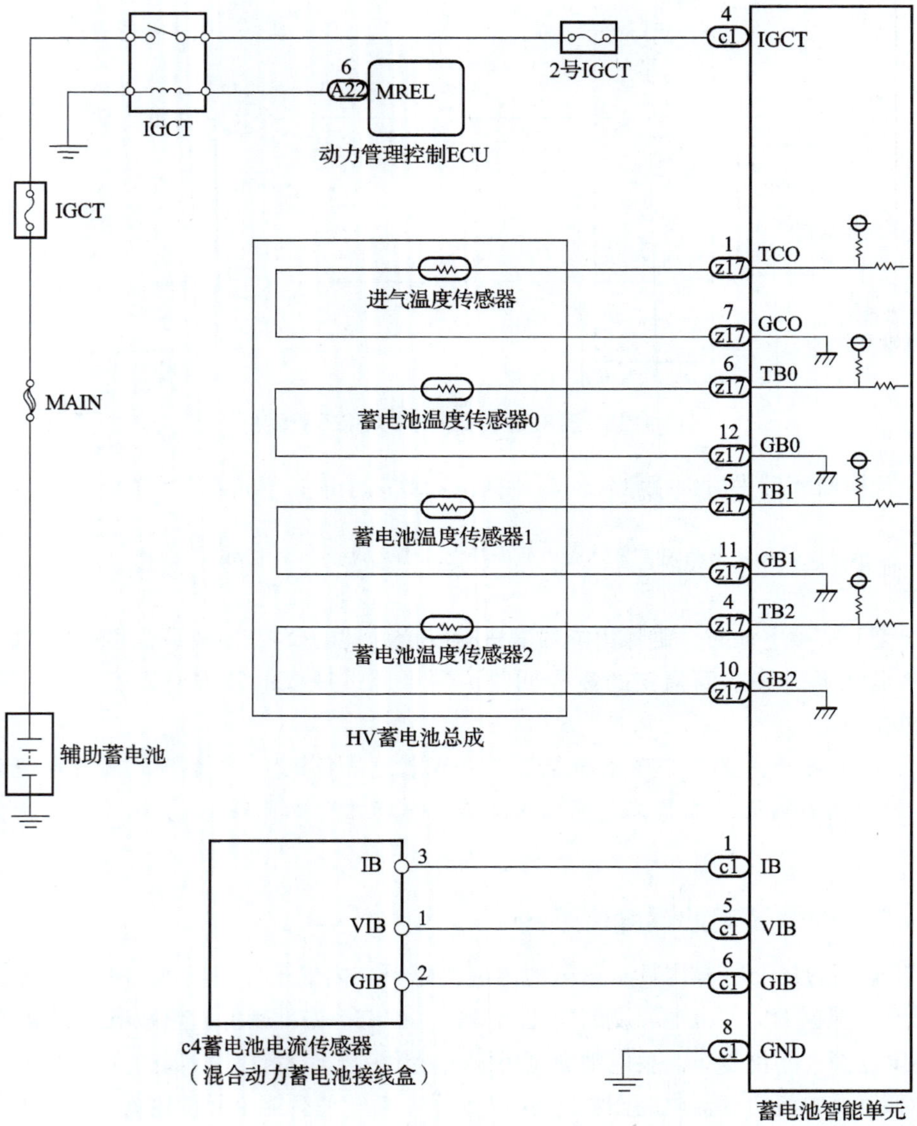

图 8-12　蓄电池温度传感器及电流传感器电路图

七、混合动力蓄电池进气温度传感器

进气温度传感器（蓄电池）安装在 HV 蓄电池上。传感器电阻随进气温度的变化而变化。进气温度传感器的特性与蓄电池温度传感器的特性相同。蓄电池智能单元利用来自进气温度传感器的信号控制蓄电池冷却鼓风机总成的空气流量。

八、混合动力蓄电池电流传感器

蓄电池电流传感器安装在 HV 蓄电池总成的正极电缆侧，用于检测流入 HV 蓄电池的电流值。蓄电池智能单元从蓄电池电流传感器将电压输入端子 IB（图 8-13），蓄电池电流传感器电路图如图 8-14 所示。该电压与电流值成比例并在 0~5V 之间变化。蓄电池电流传感器的输出电压低于 2.5V 表示 HV 蓄电池正在放电，高于 2.5V 表示 HV 蓄电池正在充电。动力管理控制 ECU 根据从蓄电池智能单元输入其端子 IB 的信号来确定 HV 蓄电池的充电和放电电流值，并通过累计的电流值计算 HV 蓄电池的 SOC（充电状态）。

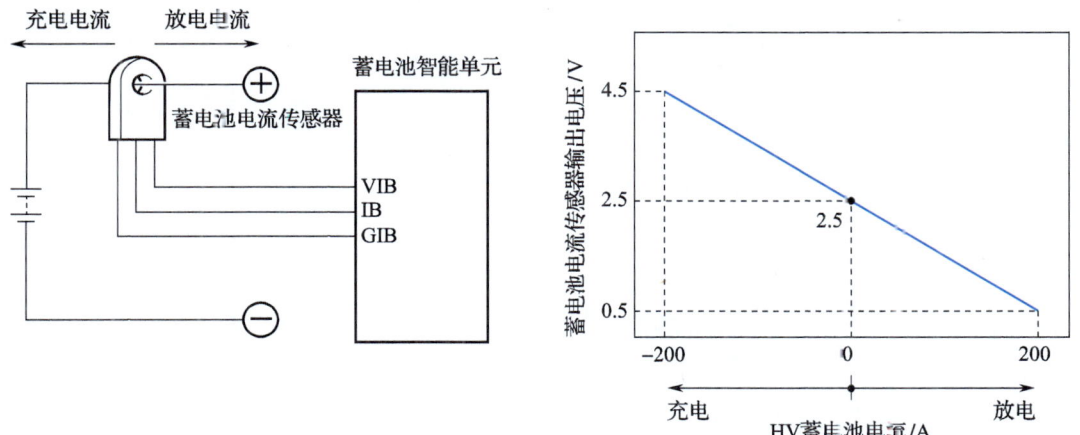

图 8-13 蓄电池电流传感器及其输出

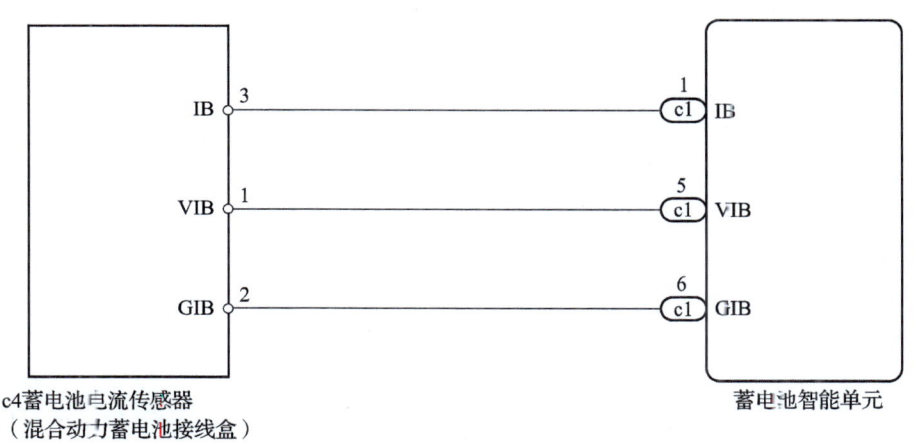

图 8-14 蓄电池电流传感器电路图

九、蓄电池智能单元和动力管理控制 ECU 的通信

如果蓄电池智能单元检测到内部故障，则将故障信号发送至动力管理控制 ECU。动力管理控制 ECU 接收到来自蓄电池智能单元的故障信号时，将警告驾驶人并执行失效保护控制。

蓄电池智能单元和动力管理控制 ECU 的通信如图 8-15 所示，图中 BTH 为 Battery to Hybrid 的缩写。

十、动力管理控制 ECU 与蓄电池智能单元有关的输入/输出

动力管理控制 ECU 与蓄电池智能单元有关的输入/输出如图 8-16 所示，图中向左的箭头表示去往的元件，这里 ACCD、FCTL 为电流流入动力管理控制 ECU（电流方向向

右）。SPDI、IG1D、GI 为电流流出动力管理控制 ECU（电流方向向左），熔丝左侧接蓄电池的正极。

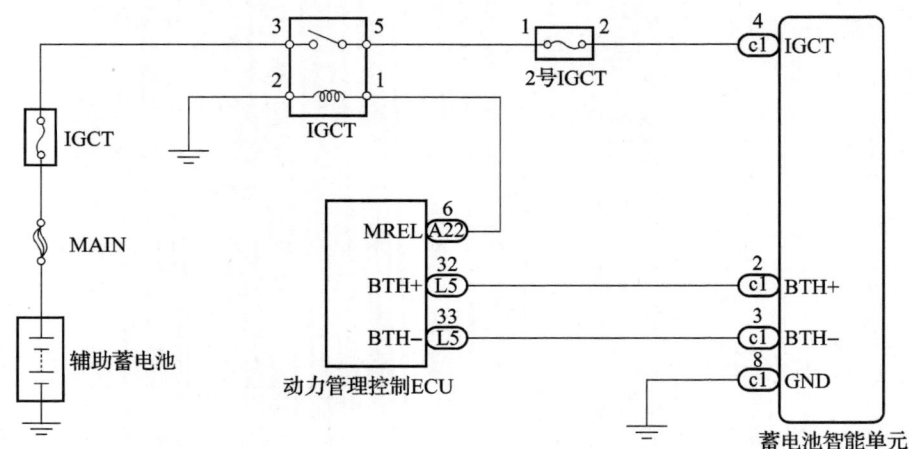

图 8-15　蓄电池智能单元和动力管理控制 ECU 的通信

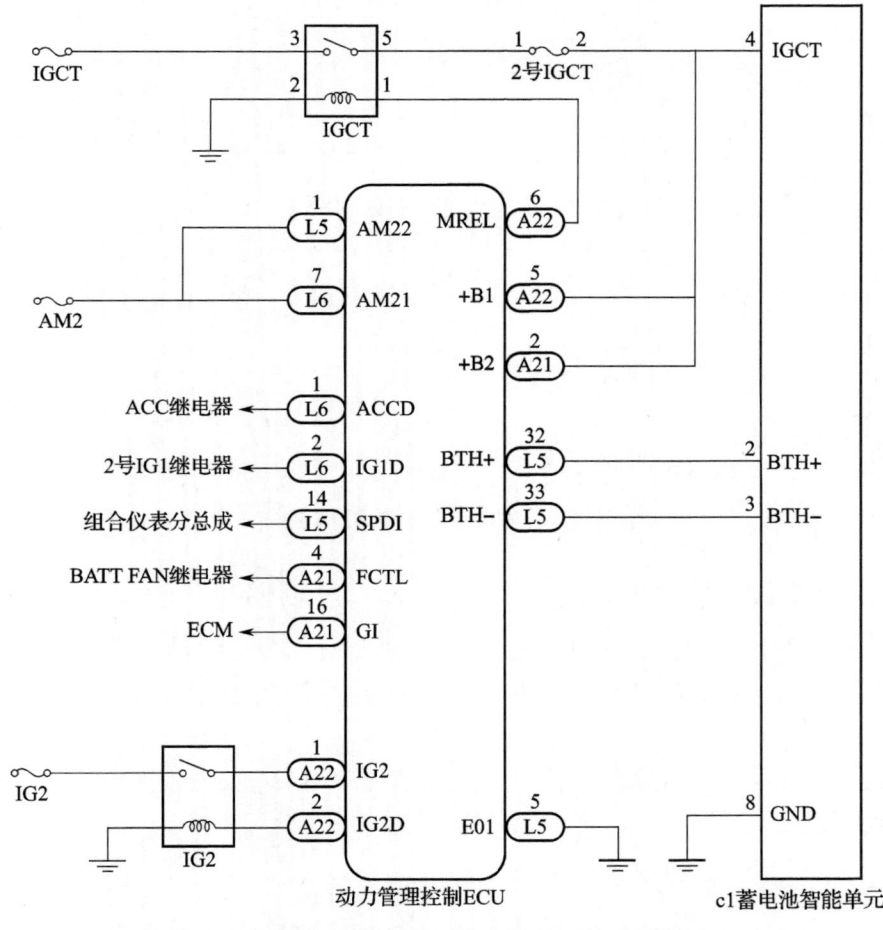

图 8-16　动力管理控制 ECU 与蓄电池智能单元有关的输入/输出

学习任务单

典型混合动力汽车电池管理系统故障分析　　学　号　　　　　　姓　名

一、填空题

1. 丰田普锐斯混合动力汽车采用_____个单体电池串联。
2. 丰田普锐斯混合动力汽车镍氢电池组的总电压为_____V。
3. 丰田普锐斯混合动力汽车镍氢电池组有_____个电压采样点。
4. 第三代丰田普锐斯混合动力汽车镍氢电池组的电流传感器装在_____极线路上。
5. 第三代丰田普锐斯混合动力汽车高压预充继电器装在_____极线路上。

二、判断题

1. 第二代丰田普锐斯电池管理系统有内阻监控。　　　　　　　　　　（　　）
2. 第三代丰田普锐斯电池管理系统有内阻监控。　　　　　　　　　　（　　）
3. 第二代及第三代丰田普锐斯电池管理系统有绝缘电阻监控。　　　　（　　）
4. 第二代丰田普锐斯电池箱采用由下向上的通风冷却方式。　　　　　（　　）
5. 第三代丰田普锐斯电池箱采用由下向上的通风冷却方式。　　　　　（　　）

三、单选题

1. 第三代丰田普锐斯电池箱高压继电器的数量有（　　）。
   A. 两个　　　　　　B. 三个
2. 第三代丰田普锐斯电池箱电池电流传感器采用（　　）。
   A. ±15V 供电　　　B. 5V 供电
3. 第三代丰田普锐斯电池箱电池进气温度传感器有（　　）。
   A. 一个　　　　　　B. 三个
4. 第三代丰田普锐斯电池箱电池温度传感器有（　　）。
   A. 一个　　　　　　B. 三个
5. 第三代丰田普锐斯电池管理系统无（　　）数据。
   A. 电池模组内阻　　B. 电池模组电压

笔 记 页

实践任务
混合动力汽车诊断数据的全面读取

一、小组分工

按照前面所了解的知识内容,落实各项工作负责人(表8-2),如任务实施前的准备工作、实施中主要操作及协助支持工作、实施过程中相关要点及数据的记录工作等。

表8-2 工作任务分配

班级		组号		指导老师	
组长		学号			
组员角色分配					
操作员1		学号			
操作员2		学号			
记录员		学号			
安全员		学号			
任务分工					

(就组织讨论、工具准备、数据采集、数据记录、安全监督、成果展示等工作内容进行任务分工)

二、维修方案合理性评估和纠正

教学提示

教师提供资料或操作视频进行提示,以帮助学生完成主要工作步骤的填写(表8-3)。教师评估通过后,方可进行具体操作实施。学生可先行在草纸上进行,任务实施中若有改变需经教师再次评估,以确认安全和可行。

表 8-3 主要工作步骤的填写用表

内容	序号	为解决问题的主要操作步骤（不含准备及 5S）	通过/不通过
学生完成	1		
	2		
	3		
	4		
	5		
	6		
	7		
	8		
教师完成	1	步骤可行	
	2	安全可行	
	3	时间可行	
	4	成本可行	

三、工作准备

小组完成设备和工具准备自检（表 8-4）。

表 8-4 设备和工具准备自检表

序号	设备及工具名称	数量	设备及工具是否完好
1			□是　□否
2			□是　□否
3			□是　□否
4			□是　□否
5			□是　□否
6			□是　□否
7			□是　□否
8			□是　□否

四、过程记录

小组在表 8-5 内完成丰田混合动力汽车数据记录单。

班级：_____ 姓名：_____ 学号：_____

表 8-5　丰田混合动力汽车数据记录单

丰田混合动力汽车数据记录单（若是英文数据，需要在英文下面写出中文）			
序号	数据	数值	单位
1			
2			
3			
4			
5			
6			
7			
8			
9			
10			
11			
12			
13			
14			
15			
16			
17			
18			
19			
20			
21			
22			
23			
24			
25			
26			
27			
28			
29			
30			
31			
32			
33			
34			
35			

五、评价反馈

以小组为单位对本小组的操作过程与操作结果进行自评,并将结果填入表 8-6 中。

表 8-6 小组自评表

班级			组别	
日期			指导教师	
实践任务名称				
全体组员姓名				
评价项目		评价标准	分值	得分
考勤(10%)		小组少 1 人,扣 5 分	10	
工作过程(60%)	计划制订合理	工作方案合理可行,一次通过不扣分,每多 1 次评估通过扣 5 分	20	
	任务实施	元件名称,错误 1 次扣 2 分	20	
		元件作用,错误 1 次扣 2 分	10	
		类型不正确,错误 1 次扣 5 分	10	
	工作态度	认真严谨,积极主动,安全生产,文明施工,违反 1 项 1 次扣 1 分	5	
	工作质量	能按照工作方案操作,按计划完成工作任务,未完成扣 3 分	5	
	团队合作	与小组成员、同学之间能合作交流、协调工作,违反 1 项 1 次扣 1 分	5	
项目成果(30%)	工作完整	不能按时完成工作任务的所有环节,扣 5 分	5	
	工作规范	在整个操作过程中出现不规范操作,违反 1 项 1 次扣 1 分	5	
	汇报展示	能准确表达、汇报工作成果,差一级减 1 分	5	
合计			100	
总结与反思				

(如:学习过程中遇到什么问题→如何解决的/解决不了的原因→心得体会)

实践任务
工作任务单

工作任务单 1　高压电操作安全 /161

工作任务单 2　动力蓄电池包的装调及更换 /163

工作任务单 3　动力蓄电池包（箱体）的分解和组装 /165

工作任务单 4　更换电池模组 /167

工作任务单 5　无钥匙进入模块故障导致的车辆无法上电故障检修 /169

工作任务单 6　动力蓄电池的回收及梯次应用 /171

工作任务单 7　电池管理系统故障码及数据流读取清除 /173

工作任务单 8　电池管理系统电源故障检修 /175

工作任务单 9　电池管理系统通信故障检修 /177

工作任务单 10　电池管理系统信号故障检修 /179

工作任务单 11　高压互锁故障检修 /181

工作任务单 12　冷却液的检查与更换 /183

工作任务单 13　PTC 的检查与更换 /185

工作任务单 14　PTC 常见故障检修 /187
工作任务单 15　动力蓄电池水泵检修 /189
工作任务单 16　电池系统冷却风扇检修 /191
工作任务单 17　动力蓄电池冷却系统三通电磁阀检修 /193
工作任务单 18　热交换器的检查与更换 /195
工作任务单 19　电池制冷剂冷却回路的检查 /197
工作任务单 20　低压充电系统 DC/DC 故障检修 /199
工作任务单 21　高压绝缘报警故障检修 /201
工作任务单 22　交流充电系统故障检修 /203
工作任务单 23　随车充电枪充电故障检修 /205
工作任务单 24　交流充电桩故障检修 /207
工作任务单 25　直流充电系统故障检修 /209
工作任务单 26　直流充电桩故障检修 /211
工作任务单 27　混动汽车交流充电系统故障检修 /213
工作任务单 28　比亚迪纯电动汽车交流充电系统故障检修 /215
工作任务单 29　电池制冷剂冷却回路的检查 /217
工作任务单 30　混合动力蓄电池冷却系统检修 /219

班级：_____ 姓名：_____ 学号：_____

工作任务单 1	高压电操作安全	班级：
		姓名：

1. 车辆信息记录

品牌		整车型号		生产年月	
电机型号		动力蓄电池容量		行驶里程	
车辆识别码					

2. 车辆基本检查

检查项目	检查情况
安全防护	是☐ 否☐
辅助蓄电池电压	异常☐ 正常☐
高压部件安装及连接器连接情况	异常☐ 正常☐
膨胀水箱液位	异常☐ 正常☐

3. 故障现象记录

诊断项目	诊断内容
确认故障现象	

4. 读取相关故障码

诊断项目	诊断内容
相关故障码描述	

5. 记录相关主要数据流

诊断项目	诊断内容
相关数据流描述	

（续）

6. 故障范围分析	
诊断项目	诊断内容
故障初步诊断范围	

7. 故障检测过程			
步骤	检测项目	测量结果或操作	结果分析
1	□ 关掉一键供电开关		
2	□ 断开蓄电池负极		
3	□ 取下检修塞（对于没有检修塞的电动汽车拔出低压检修塞或手册要求的指定熔丝）；被动放电等待 5min 以上，进行电容放电（主动放电设计时，等待 1min 以上）		
4	□ 高压下电完成		

8. 故障诊断结论	
确认故障部位	
故障机理描述	

9. 维修处理方法	
维修建议	零部件/总成　　维修□ 更换□
维修工时	

班级: _____ 姓名: _____ 学号: _____

工作任务单 2 — 动力蓄电池包的装调及更换

班级:
姓名:

1. 车辆信息记录

品牌		整车型号		生产年月	
电机型号		动力蓄电池容量		行驶里程	
车辆识别码					

2. 车辆基本检查

检查项目		检查情况
安全防护		是☐ 否☐
辅助蓄电池电压		异常☐ 正常☐
高压部件安装及连接器连接情况		异常☐ 正常☐
膨胀水箱液位		异常☐ 正常☐

3. 故障现象记录

诊断项目	诊断内容
确认故障现象	

4. 读取相关故障码

诊断项目	诊断内容
相关故障码描述	

5. 记录相关主要数据流

诊断项目	诊断内容
相关数据流描述	

6. 故障范围分析

诊断项目	诊断内容
故障初步诊断范围	

（续）

7. 故障检测过程			
步骤	检测项目	测量结果或操作	结果分析
1	□ 关掉一键供电开关		
2	□ 断开蓄电池负极		
3	□ 取下检修塞（对于没有检修塞的电动汽车拔出低压检修塞或手册要求的指定熔丝）		
4	□ 被动放电等待5min以上，进行电容放电（主动放电设计时，等待1min以上）		
5	□ 放掉电池冷却液		
6	□ 断开动力蓄电池的高压线		
7	□ 断开动力蓄电池冷却液管（提前备好干净水桶）		
8	□ 断开动力蓄电池低压线束		
9	□ 在车底放置电池举升车		
10	□ 部分拆下车底动力蓄电池与车身的螺栓		
11	□ 电池举升车和电池箱对准		
12	□ 完全拆下车底动力蓄电池与车身的螺栓		
13	□ 降下电池举升车，工作完毕		
14	□ 取新电池箱，逆序完成电池箱回装		
15	□ 加注电池冷却液		
16	□ 插回检修塞或手册要求的指定熔丝		
17	□ 连接蓄电池负极		
18	□ 工作完毕		

8. 故障诊断结论	
确认故障部位	
故障机理描述	

9. 维修处理方法	
维修建议	零部件/总成　　　维修□　更换□
维修工时	

班级：_____ 姓名：_____ 学号：_____

工作任务单 3	动力蓄电池包（箱体）的分解和组装	班级：
		姓名：

1. 车辆信息记录

品牌		整车型号		生产年月	
电机型号		动力蓄电池容量		行驶里程	
车辆识别码					

2. 车辆基本检查

检查项目	检查情况
安全防护	是□　否□
辅助蓄电池电压	异常□　正常□
高压部件安装及插接器连接情况	异常□　正常□
膨胀水箱液位	异常□　正常□

3. 故障现象记录

诊断项目	诊断内容
确认故障现象	

4. 读取相关故障码

诊断项目	诊断内容
相关故障码描述	

5. 记录相关主要数据流

诊断项目	诊断内容
相关数据流描述	

（续）

6. 故障范围分析	
诊断项目	诊断内容
故障初步诊断范围	

7. 故障检测过程			
步骤	检测项目	测量结果或操作	结果分析
1	本任务需接续"工作任务单2" □ 降下电池举升车，工作完毕		
2	□进行电池包分解准备		
3	□对电池箱外观进行检查（若电池箱有变形进行气密测试）		
4	□对电池箱正、负极进行验电		
5	□电池箱正、负极对电池箱壳体验电		
6	□拆下电池箱上盖螺栓		
7	□逆序进行组装和检查		

8. 故障诊断结论	
确认故障部位	
故障机理描述	

9. 维修处理方法	
维修建议	零部件/总成　　维修□ 更换□
维修工时	

工作任务单 4	更换电池模组	班级：
		姓名：

1. 车辆信息记录

品牌		整车型号		生产年月	
电机型号		动力蓄电池容量		行驶里程	
车辆识别码					

2. 车辆基本检查

检查项目	检查情况	
安全防护	是☐	否☐
辅助蓄电池电压	异常☐	正常☐
高压部件安装及插接器连接情况	异常☐	正常☐
膨胀水箱液位	异常☐	正常☐

3. 故障现象记录

诊断项目	诊断内容
确认故障现象	

4. 读取相关故障码

诊断项目	诊断内容
相关故障码描述	

5. 记录相关主要数据流

诊断项目	诊断内容
相关数据流描述	

6. 故障范围分析

诊断项目	诊断内容
故障初步诊断范围	

（续）

7. 故障检测过程			
步骤	检测项目	测量结果或操作	结果分析
1	□ 事先记录在车上根据诊断仪确认的有故障电池模组编号		
2	□ 续"工作任务单3"拆下电池箱上盖螺栓		
3	□ 根据诊断仪确认的故障电池模组编号，查询手册，找到电池模组所在位置		
4	□ 拆下有故障电池模组的周围线束连接		
5	□ 戴绝缘手套拆下有故障电池模组的连接螺栓		
6	□ 戴绝缘手套取出有故障电池模组		
7	□ 新电池模组用充电机充电至其他电池模组的电压（若更换旧的正常功能电池时，要对旧电池的容量进行测定，容量合格才能进行本步骤）；大量旧电池更换时，需要在分容设备上检测旧电池的容量		
8	□ 逆序装回电池模组		
9	□ 按手册规定的力矩紧固螺栓		
10	□ 按"工作任务单3"逆序进行组装		
11	提示：若电池箱要进行整体更换，需要在诊断仪中输入新电池的标称容量		
8. 故障诊断结论			
确认故障部位			
故障机理描述			
9. 维修处理方法			
维修建议	零部件/总成	维修□ 更换□	
维修工时			

班级：_____ 姓名：_____ 学号：_____

工作任务单 5	无钥匙进入模块故障导致的车辆无法上电故障检修	班级：
		姓名：

1. 车辆信息记录

品牌		整车型号		生产年月	
电机型号		动力蓄电池容量		行驶里程	
车辆识别码					

2. 车辆基本检查

检查项目	检查情况	
安全防护		是□ 否□
辅助蓄电池电压		异常□ 正常□
高压部件安装及插接器连接情况		异常□ 正常□
膨胀水箱液位		异常□ 正常□

3. 故障现象记录

诊断项目	诊断内容
确认故障现象	

4. 读取相关故障码

诊断项目	诊断内容
相关故障码描述	

5. 记录相关主要数据流

诊断项目	诊断内容
相关数据流描述	

（续）

6. 故障范围分析	
诊断项目	诊断内容
故障初步诊断范围	

7. 故障检测过程			
步骤	检测项目	测量结果或操作	结果分析
1	□ 设定充电机最高电压，对电池进行充电		
2	□ 充满电后进行充电电压测量		
3	□ 测量电池内阻		
4	□ 根据手册对电池进行放电，对电池容量进行测定		
5	□ 电压、内阻和容量测量完毕		
6	22项电池性能试验是在电池出厂时做的，需要设备齐全，按标准进行即可。学校学生能进行电压、内阻和容量测量即可		

8. 故障诊断结论	
确认故障部位	
故障机理描述	

9. 维修处理方法	
维修建议	零部件 / 总成　　维修□　更换□
维修工时	

班级：_____ 姓名：_____ 学号：_____

工作任务单6	动力蓄电池的回收及梯次应用	班级：
		姓名：

1. 车辆信息记录

品牌		整车型号		生产年月	
电机型号		动力蓄电池容量		行驶里程	
车辆识别码					

2. 车辆基本检查

检查项目	检查情况
安全防护	是□ 否□
辅助蓄电池电压	异常□ 正常□
高压部件安装及插接器连接情况	异常□ 正常□
膨胀水箱液位	异常□ 正常□

3. 故障现象记录

诊断项目	诊断内容
确认故障现象	

4. 读取相关故障码

诊断项目	诊断内容
相关故障码描述	

5. 记录相关主要数据流

诊断项目	诊断内容
相关数据流描述	

6. 故障范围分析

诊断项目	诊断内容
故障初步诊断范围	

实践任务　工作任务单

（续）

7. 故障检测过程			
步骤	检测项目	测量结果或操作	结果分析
1	以从电动汽车取下的锂离子电池的梯次利用为例		
2	□进行废旧电池包的分解准备		
3	□对电池箱外观进行检查（若电池箱有变形进行气密测试）		
4	□对电池箱正、负极进行验电		
5	□电池箱正、负极对电池箱壳体验电		
6	□拆下电池箱上盖螺栓		
7	□拆出电池箱内所有电池		
8	□对所有电池进行分容		
9	□对容量相同的电池进行分组		
10	□重新进行电池保护板安装		
11	□进行电池管理系统安装		

8. 故障诊断结论	
确认故障部位	
故障机理描述	

9. 维修处理方法	
维修建议	零部件/总成　　维修□ 更换□
维修工时	

班级：_____ 姓名：_____ 学号：_____

工作任务单 7	电池管理系统故障码及数据流读取清除	班级：
		姓名：

1. 车辆信息记录

品牌		整车型号		生产年月	
电机型号		动力蓄电池容量		行驶里程	
车辆识别码					

2. 车辆基本检查

检查项目	检查情况	
安全防护	是□	否□
辅助蓄电池电压	异常□	正常□
高压部件安装及插接器连接情况	异常□	正常□
膨胀水箱液位	异常□	正常□

3. 故障现象记录

诊断项目	诊断内容
确认故障现象	

4. 读取相关故障码

诊断项目	诊断内容
相关故障码描述	

5. 记录相关主要数据流

诊断项目	诊断内容
相关数据流描述	

 实践任务　工作任务单

（续）

6. 故障范围分析

诊断项目	诊断内容
故障初步诊断范围	

7. 故障检测过程

步骤	检测项目	测量结果或操作	结果分析
1	□ 连接诊断仪到车辆诊断口		
2	□ 打开一键供电开关至 ON		
3	□ 打开诊断仪开关		
4	□ 根据提示找到电池管理系统控制单元		
5	□ 读取故障码		
6	□ 读取数据流		

8. 故障诊断结论

确认故障部位	
故障机理描述	

9. 维修处理方法

维修建议	零部件/总成　　　维修□　更换□
维修工时	

班级：_____ 姓名：_____ 学号：_____

工作任务单 8	电池管理系统电源故障检修	班级：
		姓名：

1. 车辆信息记录

品牌		整车型号		生产年月	
电机型号		动力蓄电池容量		行驶里程	
车辆识别码					

2. 车辆基本检查

检查项目	检查情况
安全防护	是☐　否☐
辅助蓄电池电压	异常☐　正常☐
高压部件安装及插接器连接情况	异常☐　正常☐
膨胀水箱液位	异常☐　正常☐

3. 故障现象记录

诊断项目	诊断内容
确认故障现象	

4. 读取相关故障码

诊断项目	诊断内容
相关故障码描述	

5. 记录相关主要数据流

诊断项目	诊断内容
相关数据流描述	

（续）

6. 故障范围分析	
诊断项目	诊断内容
故障初步诊断范围	

7. 故障检测过程			
步骤	检测项目	测量结果或操作	结果分析
1	前提：诊断仪无法进入电池管理系统时进行下述操作		
2	□ 打开点火开关		
3	□ 在电路图上找到电池管理系统的供电熔丝号		
4	□ 在车上找到此熔丝		
5	□ 测量熔丝对地电压		
6	□ 在电路图上找到电池箱中电池管理系统的搭铁		
7	□ 测量电池管理系统在电池箱外部的搭铁		

8. 故障诊断结论	
确认故障部位	
故障机理描述	

9. 维修处理方法	
维修建议	零部件／总成　　　维修□　更换□
维修工时	

班级：_____ 姓名：_____ 学号：_____

工作任务单 9	电池管理系统通信故障检修	班级：
		姓名：

1. 车辆信息记录

品牌		整车型号		生产年月	
电机型号		动力蓄电池容量		行驶里程	
车辆识别码					

2. 车辆基本检查

检查项目	检查情况	
安全防护		是□　否□
辅助蓄电池电压		异常□　正常□
高压部件安装及插接器连接情况		异常□　正常□
膨胀水箱液位		异常□　正常□

3. 故障现象记录

诊断项目	诊断内容
确认故障现象	

4. 读取相关故障码

诊断项目	诊断内容
相关故障码描述	

5. 记录相关主要数据流

诊断项目	诊断内容
相关数据流描述	

（续）

6. 故障范围分析

诊断项目	诊断内容
故障初步诊断范围	

7. 故障检测过程

步骤	检测项目	测量结果或操作	结果分析
	前提：诊断仪无法进入电池管理系统时进行下述操作		
1	□ "工作任务单 8" 检查通过后		
2	□ 检查 CAN 总线的连接线束		
3	□ 检查 CAN-H 是否对地短路		
4	□ 检查 CAN-L 是否对地短路		
5	□ 检查 CAN-H 线是否断路		
6	□ 检查 CAN-L 线是否断路		

8. 故障诊断结论

确认故障部位	
故障机理描述	

9. 维修处理方法

维修建议	零部件/总成　　维修□　更换□
维修工时	

工作任务单 10	电池管理系统信号故障检修	班级：	
		姓名：	

1. 车辆信息记录

品牌		整车型号		生产年月	
电机型号		动力蓄电池容量		行驶里程	
车辆识别码					

2. 车辆基本检查

检查项目	检查情况
安全防护	是□　否□
辅助蓄电池电压	异常□　正常□
高压部件安装及插接器连接情况	异常□　正常□
膨胀水箱液位	异常□　正常□

3. 故障现象记录

诊断项目	诊断内容
确认故障现象	

4. 读取相关故障码

诊断项目	诊断内容
相关故障码描述	

5. 记录相关主要数据流

诊断项目	诊断内容
相关数据流描述	

（续）

6. 故障范围分析	
诊断项目	诊断内容
故障初步诊断范围	

7. 故障检测过程			
步骤	检测项目	测量结果或操作	结果分析
1	前提：诊断仪能进入电池管理系统时进行下述操作		
2	□查询故障码		
3	□读取数据列表		
4			
5			

8. 故障诊断结论	
确认故障部位	
故障机理描述	

9. 维修处理方法	
维修建议	零部件 / 总成　　维修□　更换□
维修工时	

班级：_____ 姓名：_____ 学号：_____

工作任务单 11	高压互锁故障检修	班级：
		姓名：

1. 车辆信息记录

品牌		整车型号		生产年月	
电机型号		动力蓄电池容量		行驶里程	
车辆识别码					

2. 车辆基本检查

检查项目	检查情况	
安全防护	是□	否□
辅助蓄电池电压	异常□	正常□
高压部件安装及插接器连接情况	异常□	正常□
膨胀水箱液位	异常□	正常□

3. 故障现象记录

诊断项目	诊断内容
确认故障现象	

4. 读取相关故障码

诊断项目	诊断内容
相关故障码描述	

5. 记录相关主要数据流

诊断项目	诊断内容
相关数据流描述	

（续）

6. 故障范围分析	
诊断项目	诊断内容
故障初步诊断范围	

7. 故障检测过程			
步骤	检测项目	测量结果或操作	结果分析
	前提：诊断仪能进入电池管理系统时进行下述操作		
1	□查询高压互锁故障码		
2	□在电路图上找到互锁电路		
3	□采用电阻法进行由下游至上游的测量		
4			

8. 故障诊断结论	
确认故障部位	
故障机理描述	

9. 维修处理方法	
维修建议	零部件/总成　维修□　更换□
维修工时	

班级：_____ 姓名：_____ 学号：_____

工作任务单 12	冷却液的检查与更换	班级：
		姓名：

1. 车辆信息记录

品牌		整车型号		生产年月	
电机型号		动力蓄电池容量		行驶里程	
车辆识别码					

2. 车辆基本检查

检查项目	检查情况
安全防护	是□　否□
辅助蓄电池电压	异常□　正常□
高压部件安装及插接器连接情况	异常□　正常□
膨胀水箱液位	异常□　正常□

3. 故障现象记录

诊断项目	诊断内容
确认故障现象	

4. 读取相关故障码

诊断项目	诊断内容
相关故障码描述	

5. 记录相关主要数据流

诊断项目	诊断内容
相关数据流描述	

6. 故障范围分析

诊断项目	诊断内容
故障初步诊断范围	

（续）

7. 故障检测过程			
步骤	检测项目	测量结果	结果分析
1	□ 打开机舱盖		
2	□ 检查冷却液液面高度		
3	□ 不足进行补加 检查完毕		
4	□ 准备水桶		
5	□ 打开机舱盖		
6	□ 打开散热器盖		
7	□ 举升车辆		
8	□ 断开散热器下水管，放冷却液到水桶（小心烫伤）		
9	□ 连接散热器下水管		
10	□ 从散热器盖加注冷却液到正常液面高度		
8. 故障诊断结论			
确认故障部位			
故障机理描述			
9. 维修处理方法			
维修建议	零部件/总成　维修□　更换□		
维修工时			

班级： _____ 姓名： _____ 学号 _____

工作任务单 13	PTC 的检查与更换	班级：
		姓名：

1. 车辆信息记录

品牌		整车型号		生产年月	
电机型号		动力蓄电池容量		行驶里程	
车辆识别码					

2. 车辆基本检查

检查项目	检查情况
安全防护	是□ 否□
辅助蓄电池电压	异常□ 正常□
高压部件安装及插接器连接情况	异常□ 正常□
膨胀水箱液位	异常□ 正常□

3. 故障现象记录

诊断项目	诊断内容
确认故障现象	

4. 读取相关故障码

诊断项目	诊断内容
相关故障码描述	

5. 记录相关主要数据流

诊断项目	诊断内容
相关数据流描述	

6. 故障范围分析

诊断项目	诊断内容
故障初步诊断范围	

（续）

7. 故障检测过程				
步骤	检测项目		测量结果	结果分析
	前提：打开空调制热时，没有热量产生			
1	□ 根据电路图找到 PTC 加热器的低压线束			
2	□ 检查 PTC 的 12V 供电是否正常			
3	□ 检查 PTC 的搭铁是否正常			
4	□ 用示波器检查 PTC 的通信线是否正常			
5	若以上没有故障，更换 PTC			
6	□ 断开 PTC 加热器上的高压和低压线束			
7	□ 从水管上断开 PTC 加热器（有少量的冷却液会流出，可用塑料袋辅助防止冷却液洒到地上）			
8	□ 接入新的 PTC 加热器			
9	□ 连接 PTC 加热器上的高压和低压线束			

8. 故障诊断结论	
确认故障部位	
故障机理描述	

9. 维修处理方法	
维修建议	零部件 / 总成　　维修□ 更换□
维修工时	

班级：_____ 姓名：_____ 学号：_____

工作任务单 14	PTC 常见故障检修	班级：
		姓名：

1. 车辆信息记录

品牌		整车型号		生产年月	
电机型号		动力蓄电池容量		行驶里程	
车辆识别码					

2. 车辆基本检查

检查项目	检查情况
安全防护	是□　否□
辅助蓄电池电压	异常□　正常□
高压部件安装及插接器连接情况	异常□　正常□
膨胀水箱液位	异常□　正常□

3. 故障现象记录

诊断项目	诊断内容
确认故障现象	

4. 读取相关故障码

诊断项目	诊断内容
相关故障码描述	

5. 记录相关主要数据流

诊断项目	诊断内容
相关数据流描述	

（续）

6. 故障范围分析

诊断项目	诊断内容
故障初步诊断范围	

7. 故障检测过程

步骤	检测项目	测量结果或操作	结果分析
	前提：打开空调制热时，没有热量产生，并在进行"工作任务单13"的检查后，可判定为PTC加热器故障以后		
1	□拆开PTC加热器，更换加热芯		
2	□或拆开PTC加热器，更换加热芯控制板		
3	□对PTC加热器进行重新密封		
4	□对PTC加热器进行螺栓紧固		

8. 故障诊断结论

确认故障部位	
故障机理描述	

9. 维修处理方法

维修建议	零部件/总成　　维修□　更换□
维修工时	

班级：_____ 姓名：_____ 学号：_____

工作任务单 15	动力蓄电池水泵检修	班级：
		姓名：

1. 车辆信息记录

品牌		整车型号		生产年月	
电机型号		动力蓄电池容量		行驶里程	
车辆识别码					

2. 车辆基本检查

检查项目	检查情况
安全防护	是□ 否□
辅助蓄电池电压	异常□ 正常□
高压部件安装及插接器连接情况	异常□ 正常□
膨胀水箱液位	异常□ 正常□

3. 故障现象记录

诊断项目	诊断内容
确认故障现象	

4. 读取相关故障码

诊断项目	诊断内容
相关故障码描述	

5. 记录相关主要数据流

诊断项目	诊断内容
相关数据流描述	

（续）

6. 故障范围分析

诊断项目	诊断内容
故障初步诊断范围	

7. 故障检测过程

步骤	检测项目	测量结果或操作	结果分析
	前提：动力蓄电池水泵不工作		
1	□ 根据电路图找到动力蓄电池水泵的低压线束		
2	□ 检查动力蓄电池水泵的 12V 供电是否正常		
3	□ 检查动力蓄电池水泵的搭铁是否正常		
4	□ 用示波器检查动力蓄电池水泵的通信线是否正常		
5	□ 若动力蓄电池水泵有执行元件诊断功能，请测试		

8. 故障诊断结论

确认故障部位	
故障机理描述	

9. 维修处理方法

维修建议	零部件/总成　　维修□　更换□
维修工时	

工作任务单 16	电池系统冷却风扇检修	班级：
		姓名：

1. 车辆信息记录

品牌		整车型号		生产年月	
电机型号		动力蓄电池容量		行驶里程	
车辆识别码					

2. 车辆基本检查

检查项目	检查情况	
安全防护		是□ 否□
辅助蓄电池电压		异常□ 正常□
高压部件安装及插接器连接情况		异常□ 正常□
膨胀水箱液位		异常□ 正常□

3. 故障现象记录

诊断项目	诊断内容
确认故障现象	

4. 读取相关故障码

诊断项目	诊断内容
相关故障码描述	

5. 记录相关主要数据流

诊断项目	诊断内容
相关数据流描述	

（续）

6. 故障范围分析

诊断项目	诊断内容
故障初步诊断范围	

7. 故障检测过程

步骤	检测项目	测量结果或操作	结果分析
1	□ 检查电池进气口是否堵塞		
2	□ 检查行李箱物品是否过多堵塞了出气口		
3	□ 连接诊断仪		
4	□ 进入"冷却鼓风机驱动"		
5	□ 从 0 级调至 7 级		
6	□ 将耳朵靠近进气口听鼓风机是否转动		

8. 故障诊断结论

确认故障部位	
故障机理描述	

9. 维修处理方法

维修建议	零部件 / 总成　　维修□　更换□
维修工时	

班级：_____ 姓名：_____ 学号：_____

工作任务单 17	动力蓄电池冷却系统三通电磁阀检修	班级：
		姓名：

1. 车辆信息记录

品牌		整车型号		生产年月	
电机型号		动力蓄电池容量		行驶里程	
车辆识别码					

2. 车辆基本检查

检查项目	检查情况	
安全防护		是□ 否□
辅助蓄电池电压		异常□ 正常□
高压部件安装及插接器连接情况		异常□ 正常□
膨胀水箱液位		异常□ 正常□

3. 故障现象记录

诊断项目	诊断内容
确认故障现象	

4. 读取相关故障码

诊断项目	诊断内容
相关故障码描述	

5. 记录相关主要数据流

诊断项目	诊断内容
相关数据流描述	

（续）

6. 故障范围分析

诊断项目	诊断内容
故障初步诊断范围	

7. 故障检测过程

步骤	检测项目	测量结果	结果分析
1	□在车上找到三通电磁阀的位置		
2	□用诊断仪驱动三通电磁阀		
3	□用手或听诊器听三通电磁阀动作的声音		
4	□在距离三通电磁阀20cm以外用手感觉三通电磁阀的温度是否正常		
5			

8. 故障诊断结论

确认故障部位	
故障机理描述	

9. 维修处理方法

维修建议	零部件/总成　　　维修□　更换□
维修工时	

班级： 姓名： 学号：

工作任务单 18　热交换器的检查与更换

班级：
姓名：

1. 车辆信息记录

品牌		整车型号		生产年月	
电机型号		动力蓄电池容量		行驶里程	
车辆识别码					

2. 车辆基本检查

检查项目	检查情况	
安全防护		是□　否□
辅助蓄电池电压		异常□　正常□
高压部件安装及插接器连接情况		异常□　正常□
膨胀水箱液位		异常□　正常□

3. 故障现象记录

诊断项目	诊断内容
确认故障现象	

4. 读取相关故障码

诊断项目	诊断内容
相关故障码描述	

5. 记录相关主要数据流

诊断项目	诊断内容
相关数据流描述	

6. 故障范围分析

诊断项目	诊断内容
故障初步诊断范围	

（续）

7. 故障检测过程			
步骤	检测项目	测量结果或操作	结果分析
	电池过热时的检查。前提：电池管理系统检测出电池过热故障		
1	□检查冷却液中是否有气体		
2	□用诊断仪读取电池过热温度		
3	□在电池过热时，用听诊器听空调压缩机是否工作		
4	□在电池过热时，用听诊器听制冷热交换器的电磁阀是否工作		
5	□用手摸此电磁阀是否有温热		
6	□用手摸制冷交换器是否冰凉		
7	□用听诊器检查电池箱冷却液循环泵是否工作		
8	□检查空调制冷剂数量（提示：用诊断仪读取压力传感器数据）		
9	□加注制冷剂后再次摸制冷交换器是否冰冰凉		
10	电池制冷交换器检查完毕（提示：若有更换热交换器的必要时）		
11	□放掉冷却液		
12	□放掉空调制冷剂		
13	□从管路上拆下制冷热交换器		
14	□更换新的冷热交换器		
	电池过冷时的检查。前提：电池管理系统检测出电池过冷故障		
15	□检查冷却液中是否有气体		
16	□用诊断仪读取电池过冷温度值		
17	□用手摸制热交换器是否烫手		
18	□用听诊器检查电池箱冷却液循环泵是否工作		
19	□检查 PTC 加热器是否工作		

8. 故障诊断结论	
确认故障部位	
故障机理描述	

9. 维修处理方法		
维修建议	零部件/总成	维修□ 更换□
维修工时		

班级：_____ 姓名：_____ 学号：_____

工作任务单 19	电池制冷剂冷却回路的检查	班级：
		姓名：

1. 车辆信息记录

品牌		整车型号		生产年月	
电机型号		动力蓄电池容量		行驶里程	
车辆识别码					

2. 车辆基本检查

检查项目	检查情况
安全防护	是□　否□
辅助蓄电池电压	异常□　正常□
高压部件安装及插接器连接情况	异常□　正常□
膨胀水箱液位	异常□　正常□

3. 故障现象记录

诊断项目	诊断内容
确认故障现象	

4. 读取相关故障码

诊断项目	诊断内容
相关故障码描述	

5. 记录相关主要数据流

诊断项目	诊断内容
相关数据流描述	

6. 故障范围分析

诊断项目	诊断内容
故障初步诊断范围	

（续）

7. 故障检测过程			
步骤	检测项目	测量结果或操作	结果分析
	电池过热时的检查。前提：电池管理系统检测出电池过热故障		
1	□检查冷却液中是否有气体		
2	□用诊断仪读取电池过热温度		
3	□在电池过热时，用听诊器听空调压缩机是否工作		
4	□在电池过热时，用听诊器听制冷热交换器的电磁阀是否工作		
5	□用手摸此电磁阀是否有温热		
6	□用手摸制冷交换器是否冰冰凉		
7	□用听诊器检查电池箱冷却液循环泵是否工作		
8	□检查空调制冷剂数量（提示：用诊断仪读取压力传感器数据）		
9	□加注制冷剂后再次摸制冷交换器是否冰冰凉		
	电池制冷交换器检查完毕（提示：若有更换热交换器的必要时）		
10	□放掉冷却液		
11	□放掉空调制冷剂		
12	□从管路上拆下制冷热交换器		
13	□更换新的冷热交换器		

8. 故障诊断结论	
确认故障部位	
故障机理描述	

9. 维修处理方法	
维修建议	零部件/总成　　维修□ 更换□
维修工时	

班级：_____ 姓名：_____ 学号：_____

工作任务单 20	低压充电系统 DC/DC 故障检修	班级：
		姓名：

1. 车辆信息记录

品牌		整车型号		生产年月	
电机型号		动力蓄电池容量		行驶里程	
车辆识别码					

2. 车辆基本检查

检查项目	检查情况
安全防护	是☐ 否☐
辅助蓄电池电压	异常☐ 正常☐
高压部件安装及插接器连接情况	异常☐ 正常☐
膨胀水箱液位	异常☐ 正常☐

3. 故障现象记录

诊断项目	诊断内容
确认故障现象	

4. 读取相关故障码

诊断项目	诊断内容
相关故障码描述	

5. 记录相关主要数据流

诊断项目	诊断内容
相关数据流描述	

6. 故障范围分析

诊断项目	诊断内容
故障初步诊断范围	

（续）

7. 故障检测过程			
步骤	检测项目	测量结果或操作	结果分析
	前提：铅酸电池出现亏电故障		
1	□ 从车上取下亏电蓄电池		
2	□ 换上满电蓄电池		
3	□ 将点火开关置于 READY 档		
4	□ 用万用表测量蓄电池电压是否在 13.5V 以上		
5	若万用表测量蓄电池电压在 12.8V 以下，进行 DC/DC 供电检查		
6	□ 在电路图中找到 DC/DC 变换器供电线		
7	□ 测量 DC/DC 变换器供电线供电情况		
8	□ 测量 DC/DC 变换器接地线接地情况		
	判定 DC/DC 变换器故障		
9	□ 用大力钳夹住冷却管		
10	□ 更换 DC/DC 变换器（或带有变频器的 DC/DC 总成）		

8. 故障诊断结论	
确认故障部位	
故障机理描述	

9. 维修处理方法	
维修建议	零部件 / 总成　　维修□ 更换□
维修工时	

班级：_____ 姓名：_____ 学号：_____

工作任务单 21	高压绝缘报警故障检修	班级：
		姓名：

1. 车辆信息记录

品牌		整车型号		生产年月	
电机型号		动力蓄电池容量		行驶里程	
车辆识别码					

2. 车辆基本检查

检查项目	检查情况
安全防护	是□ 否□
辅助蓄电池电压	异常□ 正常□
高压部件安装及插接器连接情况	异常□ 正常□
膨胀水箱液位	异常□ 正常□

3. 故障现象记录

诊断项目	诊断内容
确认故障现象	

4. 读取相关故障码

诊断项目	诊断内容
相关故障码描述	

5. 记录相关主要数据流

诊断项目	诊断内容
相关数据流描述	

6. 故障范围分析

诊断项目	诊断内容
故障初步诊断范围	

（续）

7. 故障检测过程			
步骤	检测项目	测量结果或操作	结果分析
	前提：仪表绝缘警告灯点亮，或通过 BMS 读到高压绝缘的故障码		
1	□ 再次用诊断仪确认绝缘故障存在		
2	□ 进行高压下电，对机舱内高压电缆进行目视检查		
3	□ 将绝缘表打到 500V 档，红表笔放在电缆正极上，检查绝缘漏电是否存在		
4	□ 将绝缘表打到 500V 档，红表笔放在电缆负极上，检查绝缘漏电是否存在		
5	□ 断开电动空调压缩机高压供电，进行步骤 4 和 5，检查绝缘漏电是否存在		
6	□ 断开 PTC 加热器高压供电，进行步骤 4 和 5，检查绝缘漏电是否存在		
7	□ 断开 DC/DC 加热器高压供电，进行步骤 4 和 5，检查绝缘漏电是否存在		
8	□ 断开变频器高压供电，进行步骤 4 和 5，检查绝缘漏电是否存在		
9	□ 抬下电池箱，在电池箱内进行步骤 4 和 5，检查绝缘漏电是否存在		
8. 故障诊断结论			
确认故障部位			
故障机理描述			
9. 维修处理方法			
维修建议	零部件 / 总成　　维修□　更换□		
维修工时			

班级：_____ 姓名：_____ 学号：_____

工作任务单 22	交流充电系统故障检修	班级：_____
		姓名：_____

1. 车辆信息记录

品牌		整车型号		生产年月	
电机型号		动力蓄电池容量		行驶里程	
车辆识别码					

2. 车辆基本检查

检查项目	检查情况
安全防护	是☐ 否☐
辅助蓄电池电压	异常☐ 正常☐
高压部件安装及插接器连接情况	异常☐ 正常☐
膨胀水箱液位	异常☐ 正常☐

3. 故障现象记录

诊断项目	诊断内容
确认故障现象	

4. 读取相关故障码

诊断项目	诊断内容
相关故障码描述	

5. 记录相关主要数据流

诊断项目	诊断内容
相关数据流描述	

 实践任务　工作任务单

（续）

6. 故障范围分析	
诊断项目	诊断内容
故障初步诊断范围	

7. 故障检测过程			
步骤	检测项目	测量结果或操作	结果分析
	前提：插入充电枪电动汽车无法充电		
1	□将充电枪插入电动汽车充电口		
2	□通过仪表检查充电连接CC		
3	□检查充电桩划卡是否正常		
4	□检查充电枪是否没被锁止		
5	□用诊断仪检查充电机是否有故障		
6	□用诊断仪检查电池管理系统是否有故障		
7	□根据手册电路图检查充电机低压供电		
8	□根据手册电路图检查电池管理系统低压供电		

8. 故障诊断结论	
确认故障部位	
故障机理描述	

9. 维修处理方法	
维修建议	零部件/总成　　维修□ 更换□
维修工时	

班级: _____ 姓名: _____ 学号: _____

工作任务单 23	随车充电枪充电故障检修	班级:
		姓名:

1. 车辆信息记录

品牌		整车型号		生产年月	
电机型号		动力蓄电池容量		行驶里程	
车辆识别码					

2. 车辆基本检查

检查项目	检查情况
安全防护	是☐ 否☐
辅助蓄电池电压	异常☐ 正常☐
高压部件安装及插接器连接情况	异常☐ 正常☐
膨胀水箱液位	异常☐ 正常☐

3. 故障现象记录

诊断项目	诊断内容
确认故障现象	

4. 读取相关故障码

诊断项目	诊断内容
相关故障码描述	

5. 记录相关主要数据流

诊断项目	诊断内容
相关数据流描述	

（续）

6. 故障范围分析

诊断项目	诊断内容
故障初步诊断范围	

7. 故障检测过程

步骤	检测项目	测量结果或操作	结果分析
	前提：插入充电枪电动汽车无法充电		
1	□ 将充电枪插入电动汽车充电口		
2	□ 通过仪表检查充电连接 CC		
3	□ 查询是否有充电枪过热故障码		
4	□ 取下充电枪，检查充电枪是否有烧蚀		
5	□ 检查充电枪微动开关是否工作正常		
6	□ 检查车上充电座是否有灰尘		
7	□ 检查车上充电座是否有烧蚀		
8	□ 充电枪插入充电座进行插拔力测试，较松，更换充电枪		

8. 故障诊断结论

确认故障部位	
故障机理描述	

9. 维修处理方法

维修建议	零部件/总成　　维修□ 更换□
维修工时	

班级：_____ 姓名：_____ 学号：_____

工作任务单 24	交流充电桩故障检修	班级：
		姓名：

1. 车辆信息记录

品牌		整车型号		生产年月	
电机型号		动力蓄电池容量		行驶里程	
车辆识别码					

2. 车辆基本检查

检查项目	检查情况
安全防护	是□ 否□
辅助蓄电池电压	异常□ 正常□
高压部件安装及插接器连接情况	异常□ 正常□
膨胀水箱液位	异常□ 正常□

3. 故障现象记录

诊断项目	诊断内容
确认故障现象	

4. 读取相关故障码

诊断项目	诊断内容
相关故障码描述	

5. 记录相关主要数据流

诊断项目	诊断内容
相关数据流描述	

 实践任务 工作任务单

（续）

6. 故障范围分析

诊断项目	诊断内容
故障初步诊断范围	

7. 故障检测过程

步骤	检测项目	测量结果或操作	结果分析
	前提：插入充电枪，电动汽车无法充电		
	在"工作任务单23"基础上进行检查		
1	□ 检查充电划卡是否有反应		
2	□ 检查充电桩的交流供电		
3	□ 检查充电桩的接地		
4	□ 拆开充电桩进行内部检查		
5	□ 断开充电桩内线束连接重新插接后，再次检查是否能充电		
6	□ 更换充电桩、更换磁卡接收器，检查是否能充电		
7	□ 更换充电桩控制主板，检查是否能充电		
8	□ 对充电桩元件进行固定，组装充电桩		

8. 故障诊断结论

确认故障部位	
故障机理描述	

9. 维修处理方法

维修建议	零部件/总成　　维修□ 更换□
维修工时	

208

班级：_____ 姓名：_____ 学号：_____

工作任务单 25　直流充电系统故障检修

班级：
姓名：

1. 车辆信息记录

品牌		整车型号		生产年月	
电机型号		动力蓄电池容量		行驶里程	
车辆识别码					

2. 车辆基本检查

检查项目	检查情况	
安全防护	是□	否□
辅助蓄电池电压	异常□	正常□
高压部件安装及插接器连接情况	异常□	正常□
膨胀水箱液位	异常□	正常□

3. 故障现象记录

诊断项目	诊断内容
确认故障现象	

4. 读取相关故障码

诊断项目	诊断内容
相关故障码描述	

5. 记录相关主要数据流

诊断项目	诊断内容
相关数据流描述	

（续）

6. 故障范围分析	
诊断项目	诊断内容
故障初步诊断范围	

7. 故障检测过程			
步骤	检测项目	测量结果或操作	结果分析
	前提：插入直流充电枪电动汽车无法充电		
1	□ 检查仪表是否有电池管理系统故障灯点亮		
2	□ 用诊断仪检查电池管理系统是否有故障		
3	□ 将充电枪插入电动汽车充电口		
4	□ 通过仪表检查充电连接 CC1		
5	□ 检查充电桩划卡是否正常		
6	□ 检查充电枪是否没被锁止		
7	□ 检查充电枪微动开关		
8	□ 根据充电桩引导进行检查		
9	□ 有条件接入直流充电桩检测设备进行自动检查		

8. 故障诊断结论	
确认故障部位	
故障机理描述	

9. 维修处理方法	
维修建议	零部件/总成　　维修□ 更换□
维修工时	

210

班级：_____ 姓名：_____ 学号：_____

工作任务单 26	直流充电桩故障检修	班级：
		姓名：

1. 车辆信息记录

品牌		整车型号		生产年月	
电机型号		动力蓄电池容量		行驶里程	
车辆识别码					

2. 车辆基本检查

检查项目	检查情况	
安全防护		是□ 否□
辅助蓄电池电压		异常□ 正常□
高压部件安装及插接器连接情况		异常□ 正常□
膨胀水箱液位		异常□ 正常□

3. 故障现象记录

诊断项目	诊断内容
确认故障现象	

4. 读取相关故障码

诊断项目	诊断内容
相关故障码描述	

5. 记录相关主要数据流

诊断项目	诊断内容
相关数据流描述	

6. 故障范围分析

诊断项目	诊断内容
故障初步诊断范围	

（续）

7. 故障检测过程			
步骤	检测项目	测量结果或操作	结果分析
	前提：确认故障在直流充电桩内		
1	□穿戴防护衣、防护手套、护目镜、绝缘鞋		
2	□进行充电桩接地检查		
3	□进行充电桩三相供电总开关供电检查		
4	□进行充电桩供电分开关供电检查		
5	□对低压控制线束进行初步检查		
6	□观察各个直流充电模块是否有故障灯亮起		
7	□更换磁卡接收器		
8	□更换电源主板		
9	□更换直流充电模块控制主板		
10	□更换主控制器主板		
8. 故障诊断结论			
确认故障部位			
故障机理描述			
9. 维修处理方法			
维修建议	零部件/总成　　维修□　更换□		
维修工时			

工作任务单 27	混动汽车交流充电系统故障检修	班级：
		姓名：

1. 车辆信息记录

品牌		整车型号		生产年月	
电机型号		动力蓄电池容量		行驶里程	
车辆识别码					

2. 车辆基本检查

检查项目	检查情况
安全防护	是□ 否□
辅助蓄电池电压	异常□ 正常□
高压部件安装及插接器连接情况	异常□ 正常□
膨胀水箱液位	异常□ 正常□

3. 故障现象记录

诊断项目	诊断内容
确认故障现象	

4. 读取相关故障码

诊断项目	诊断内容
相关故障码描述	

5. 记录相关主要数据流

诊断项目	诊断内容
相关数据流描述	

6. 故障范围分析

诊断项目	诊断内容
故障初步诊断范围	

 实践任务　工作任务单

（续）

7. 故障检测过程

步骤	检测项目	测量结果或操作	结果分析
	前提：插入交流充电枪到混合动力汽车，无法充电		
1	□ 检查仪表是否有电池管理系统故障灯点亮		
2	□ 用诊断仪检查电池管理系统是否有故障		
3	□ 将充电枪插入电动汽车充电口		
4	□ 通过仪表检查充电连接符号是否有显示		
5	□ 检查充电枪微动开关（按下时开关断开，充电变断电）		
6	□ 公用充电桩划卡是否有反应，无反应可能是卡也可能是磁卡接收器问题，可考虑更换磁卡接收器或充电桩主板		
7	□ 若车载充电机诊断仪进不去，根据电路图查找本车车载充电机的供电，并进行测量判断		
8	□ 若车载充电机诊断仪进不去，根据电路图查找本车车载充电机的搭铁，并进行测量判断		
9	□ 若电池管理系统诊断仪进不去，根据电路图查找本车电池管理系统的供电，并进行测量判断		
10	□ 检查 CAN 总线支路是否断路		

8. 故障诊断结论

确认故障部位	
故障机理描述	

9. 维修处理方法

维修建议	零部件/总成　　　维修□ 更换□
维修工时	

工作任务单 28	比亚迪纯电动汽车交流充电系统故障检修	班级：	
		姓名：	

1. 车辆信息记录

品牌		整车型号		生产年月	
电机型号		动力蓄电池容量		行驶里程	
车辆识别码					

2. 车辆基本检查

检查项目	检查情况
安全防护	是□ 否□
辅助蓄电池电压	异常□ 正常□
高压部件安装及插接器连接情况	异常□ 正常□
膨胀水箱液位	异常□ 正常□

3. 故障现象记录

诊断项目	诊断内容
确认故障现象	

4. 读取相关故障码

诊断项目	诊断内容
相关故障码描述	

5. 记录相关主要数据流

诊断项目	诊断内容
相关数据流描述	

6. 故障范围分析

诊断项目	诊断内容
故障初步诊断范围	

（续）

7. 故障检测过程			
步骤	检测项目	测量结果或操作	结果分析
	前提：插入交流充电枪到电动汽车，无法充电		
1	□ 检查仪表是否有电池管理系统故障灯点亮		
2	□ 用诊断仪检查电池管理系统是否有故障		
3	□ 将充电枪插入电动汽车充电口		
4	□ 通过仪表检查充电连接符号是否有显示		
5	□ 通过诊断仪检查充电连接 CC 是否正常		
6	□ 检查充电枪微动开关（按下时充电变断电）		
7	□ 用诊断仪检查充电引导信号 CP		
8	□ 若车载充电机诊断仪进不去，根据电路图查找本车车载充电机的供电，并进行测量判断		
9	□ 若车载充电机诊断仪进不去，根据电路图查找本车车载充电机的搭铁，并进行测量判断		
10	□ 若电池管理系统诊断仪进不去，根据电路图查找本车电池管理系统的供电，并进行测量判断		
11	□ 检查 CAN 总线支路是否断路		

8. 故障诊断结论	
确认故障部位	
故障机理描述	

9. 维修处理方法	
维修建议	零部件 / 总成　　　维修□　更换□
维修工时	

班级：_____ 姓名：_____ 学号：_____

工作任务单 29	电池制冷剂冷却回路的检查	班级：
		姓名：

1. 车辆信息记录

品牌		整车型号		生产年月	
电机型号		动力蓄电池容量		行驶里程	
车辆识别码					

2. 车辆基本检查

检查项目	检查情况
安全防护	是□ 否□
辅助蓄电池电压	异常□ 正常□
高压部件安装及插接器连接情况	异常□ 正常□
膨胀水箱液位	异常□ 正常□

3. 故障现象记录

诊断项目	诊断内容
确认故障现象	

4. 读取相关故障码

诊断项目	诊断内容
相关故障码描述	

5. 记录相关主要数据流

诊断项目	诊断内容
相关数据流描述	

6. 故障范围分析

诊断项目	诊断内容
故障初步诊断范围	

（续）

7. 故障检测过程			
步骤	检测项目	测量结果或操作	结果分析
1	□ 打开前舱盖		
2	□ 目视检查电池制冷交换器附近管路是否有漏点		
3	□ 检查制冷电磁阀的插头是否松动		
8. 故障诊断结论			
确认故障部位			
故障机理描述			
9. 维修处理方法			
维修建议	零部件/总成　维修□　更换□		
维修工时			

工作任务单 30	混合动力蓄电池冷却系统检修	班级：
		姓名：

1. 车辆信息记录

品牌		整车型号		生产年月	
电机型号		动力蓄电池容量		行驶里程	
车辆识别码					

2. 车辆基本检查

检查项目	检查情况
安全防护	是□ 否□
辅助蓄电池电压	异常□ 正常□
高压部件安装及插接器连接情况	异常□ 正常□
膨胀水箱液位	异常□ 正常□

3. 故障现象记录

诊断项目	诊断内容
确认故障现象	

4. 读取相关故障码

诊断项目	诊断内容
相关故障码描述	

5. 记录相关主要数据流

诊断项目	诊断内容
相关数据流描述	

6. 故障范围分析

诊断项目	诊断内容
故障初步诊断范围	

（续）

7. 故障检测过程			
步骤	检测项目	测量结果或操作	结果分析
	前提：电池管理系统检测出电池过热故障		
1	□在C柱检查镍氢电池冷却风道进风口是否堵塞		
2	□打开行李箱		
3	□检查行李箱左侧、右侧两个风道出风口是否堵塞		
4	□耳贴在C柱听镍氢电池冷却鼓风机是否工作		
5	□耳贴在C柱感觉镍氢电池冷却鼓风机产生的空气流速是否强烈		
6	□在镍氢电池冷却鼓风机转动时，用手摸镍氢电池箱的出风口是否有大量的空气流出		
7	□打开电池箱进行电池箱内灰尘的清理		

8. 故障诊断结论	
确认故障部位	
故障机理描述	

9. 维修处理方法	
维修建议	零部件/总成　　维修□ 更换□
维修工时	